本书系山东省社科规划研究项目研究成果（项目批准号：24CDCJ18）和"中共山东省委党校（山东行政学院）重大项目攻关创新"

法治赋能

基层减负长效机制的构建研究

Research on the Construction of
a Long-term Mechanism for
Alleviating Grassroots Burdens through
the Empowerment of Rule of Law

周倩 ◎ 著

人民出版社

前　言

在当今社会，作为国家治理体系和治理能力现代化的重要标志之一，法治的深入实施不仅关乎国家的长治久安，也深刻影响着基层治理的效能与民众的福祉。基层是国家政策的最终落实地，是联系群众、服务群众的第一线，其治理水平的高低直接关系国家治理的整体效能。然而，长期以来，部分地区基层负担过重问题一直是影响基层治理效能提升的因素之一，表现为形式主义、官僚主义现象不同程度地存在，不合理的工作任务摊派，考核评价机制不健全等，这些问题不仅消耗了这些地区基层干部的大量精力，也削弱了基层服务的质量和效率，影响了党和政府在人民群众中的形象和威信。

因此，探索构建法治赋能的基层减负长效机制，成为新时代深化基层治理改革、激发基层活力、提升治理效能的关键所在。2024 年 8 月，中共中央办公厅、国务院办公厅印发了《整治形式主义为基层减负若干规定》，以党内法规的形式对整治形式主义为基层减负做出规定，要求统筹为基层减负和赋能，切实把基层从形式主义、官僚主义束缚中解脱出来，引导广大党员、干部积极担当作为，有更多精力抓落实。《法治赋能基层减负长效机制的构建研究》正是在此背景下应运而生，旨在通过系统深入的研究，为破解基层减负难题提供法治思维和法治路径，推动基层治理体系和治理能力现代化进程。

本书从理论与实践两个维度出发，梳理了国内外关于基层治理、法治建设及减负机制的相关理论与实践经验。首先，阐述了新时代基层治理的必要性，定义了其结构，并展望其具体发展目标；其次，在分析了法治在基层治理中的作用后，展开对基层减负的概念、理论基础、现实依据的深入解析，并分析了当前基层减负的现状、问题及成因。针对基层减负难题，书中提出了提升思想认识、权责对等、加强制度保障和落实主体责任等策略研究。最后，强调了加强党对基层治理领导的重要性，并探索了基层工作队伍建设、城乡社区治理与服务体系建设的路径。此外，本书还选取了一系列典型案例进行具体阐述和深入剖析，展示了如何有效减轻基层负担，并提出了持续减轻基层负担的策略。通过这些案例，我们可以清晰地看到，法治不仅是约束权力、保护权利的利器，更是促进基层减负、提升治理效能的重要支撑。

本书为新时代基层治理提供了较为全面的理论框架和实践参考。可供从事基层治理工作的人员、研究者以及政策制定者参考。

目　录

第一章 法治赋能的核心理念与目标

在中国社会治理体系日益完善的过程中，基层治理的重要性愈加突出。基层不仅是国家治理体系的基础单位，更是国家治理成果的最直接承载者。如何提升基层治理效率，减少基层政府的管理负担，成为当今中国法治建设中的重要课题。法治赋能作为基层治理的一项战略性举措，不仅为基层减负提供了有效的路径，也为提升治理效能提供了坚实的理论支撑。

法治赋能，从法律治理到能力建设，法治赋能体现了对基层治理体系多维度、全方位的支持。通过运用法治手段，激活基层治理的内在动力、提升基层政府的治理能力，进而实现基层治理现代化。

第一节 法治赋能的内涵

法治赋能的内涵不仅涉及法律治理"治"的层面，还包括治理能力的提升和治理效能的增强，即从"治"到"能"的转变。具体来说，法治赋能涵盖了以下几个方面。

一、"治"是法治赋能的基础：法治保障基层治理的规范性和合法性

在传统的社会治理体系中，治理往往依赖行政命令、地方性规定等手段，但这些手段未必能够充分保障社会公平与正义，治理的效果也存在一定的不确定性。法治作为一种治理方式，它的本质在于通过法律规范来保障基层治理的规范性和合法性。基层治理涉及众多具体领域，如行政审批、社会服务、公共管理等，各种行政行为和社会管理活动都必须在法治框架下进行。

法治赋能的首要任务是确保基层治理活动在法律的框架内有序进行。法律制度是基层治理的最根本保障，只有通过法治的手段，才能实现基层治理的有序化与规范化。法治的核心作用是为基层治理提供一套明确的规则体系，这些规则不仅规范政府行为，也保障民众的基本权利。因此，从"治"到"能"的第一步是法治制度的建设与执行，通过法治实现基层治理活动的合法性和规范性，为治理效能的提升奠定坚实基础。

二、"能"是法治赋能的目标：提升基层治理能力和服务效能

法治赋能的最终目的是提升基层治理的能力，即从治理的"治"转向"赋能"。基层治理不仅需要法律的框架与约束，更需要具备应对复杂社会问题的能力和灵活性。在这一过程中，法治赋能体现了法律与治理能力的双重赋能。具体而言，法治赋能在以下几个方面发挥着重要作用：

（一）提升基层政府的法律执行能力

基层政府作为法治建设的执行者，承担着大量的行政职能。法治赋能通过提升基层政府的法律意识和法律执行能力，使得政府能够依法行政、依法决策、避免权力滥用、提升行政效率。

（二）增强基层治理的创新能力

法治不仅要规范治理行为，还要推动基层治理创新。通过法治赋能，基层政府能够在法律框架内创新治理方式，采用更加灵活、高效的治理手段，解决社会发展中的新问题。

（三）提升服务效能，增强民众获得感

法治赋能还体现在提升基层治理服务效能上。通过法律手段，基层政府可以更加高效地提供公共服务，增强民众的法治信任感与获得感，维护社会和谐稳定。

法治赋能的目标是从"治"的层面迈向"能"的层面，不仅要规范治理行为，还要提升基层治理的整体能力，使其在法律框架下更加高效、创新、灵活地应对社会治理中的各种挑战。

第二节　法治赋能为基层减负提供了理论支持

法治赋能不仅是基层治理体系现代化的要求，它还为基层减负提供了强有力的理论支持。近年来，部分基层政府在面对日益复杂的社会管理任务时，经常感受到"政务烦琐""职责不清"等问题，这不仅增加了基层政府的负担，也影响了公共服务的质量与效能。法治赋能通过以下几个方面为基层减负提供理论支持。

一、法治保障职责清晰，避免职责交叉与重复

部分基层政府常常面临职责不清、职能交叉、重复劳动等问题，这导

致了资源的浪费和管理的低效。法治赋能的一个重要作用是通过明确法律法规的界定，保障政府职能的清晰划分。通过法治手段，基层政府能够有效界定不同政府部门、不同层级政府之间的职责边界，避免因职责不清而产生的重叠和冲突，从而提高工作效率。

在一些地方，政府内部的各部门职能交叉，往往导致多个部门对同一问题进行重复审批和管理。通过法治赋能，政府可以通过清晰的法律规范对各部门职能进行合理分配与调整，减少不必要的行政干预和程序设置，降低基层治理的负担。

二、法治促进制度化建设，规范权力行使

权力滥用和行政不规范是部分地方在基层治理中较为常见的负担问题。法治赋能通过法治手段，推动政府权力的规范化行使，避免政府工作人员滥用职权、拖延执行或违法行政现象的发生。通过法律手段约束和规范政府的行为，法治能够有效减少行政纠纷和执法不公，降低基层政府因违规行为产生的法律风险与行政成本。

通过建立健全的行政执法规范，明确政府各项职能的法律边界，基层政府能够更加高效、公正地履行职责。通过法治手段减少行政中的不正之风，有效降低基层政府的监管与执行压力。

三、法治赋能简化行政程序，提升工作效率

行政程序烦琐、层级过多也是部分基层政府面临的一个重要负担。法治赋能可以通过简化行政程序、明确程序标准、优化审批流程等手段，提升基层政府的工作效率。例如，通过"放管服"改革，简化行政审批程序，减少基层政府不必要的行政环节，让政府能够集中精力处理更具战略性和

实质性的问题。

法治赋能推动的行政流程优化，不仅能够减轻基层政府的行政负担，还能提升公共服务的质量，使基层政府能够更好地服务社会公众。通过法律手段推动审批、监管等行政程序的精简与优化，能够有效减轻基层政府在日常管理中的工作压力。

法治赋能还鼓励采用现代化的行政管理系统和技术手段，如电子政务平台，以实现行政程序的数字化、自动化，进一步提高工作效率。这些技术的应用减少了纸质文件的流转，缩短了审批周期，使得基层政府能够更加迅速、准确地响应公众需求。

法治赋能还强调行政程序的透明化，要求政府公开行政流程、标准和结果，接受社会监督。这种透明度不仅增强了政府的公信力，也促使政府在制定和执行政策时更加谨慎和公正，从而减少了因决策失误或执行不当引发的矛盾和冲突。

综上所述，法治赋能通过简化行政程序、优化审批流程、引入现代化管理系统和技术手段以及增强行政透明度，为基层政府提供了有效的减负路径，促进了基层治理的现代化和高效化。

四、法治赋能推动社会治理协同合作，减少冲突和摩擦

基层治理不仅是政府的任务，还需要社会各方面力量的参与。法治赋能通过法律规范推动政府与社会组织、社区居民等各方的合作，建立协同治理的机制。通过明确法律规范和法律责任，法治能够推动多方合作，减少冲突和摩擦，从而降低基层治理的复杂程度。

通过法律支持、推动社区居民自治和社会组织参与等方式，可以有效减轻基层政府的直接管理负担，让社会力量更多地参与到基层治理中，形成多方合作、共同治理的良好局面。

第三节 法治赋能为基层减负提供了路径

一、法律体系建设与完善

基层减负的首要路径是加强法律体系的建设和完善。一个完整的法律体系能够为基层治理提供清晰的法律框架，明确政府职能和权力边界，从根本上减少权力行使中的不必要负担。

二、推动法治教育与普法工作

法治赋能的另一个路径是加强法治教育与普法工作。通过提高基层公务员和社会公众的法律素养，可以减少法律适用中的错误和冲突，从而减轻基层政府的法律诉讼负担和社会矛盾压力。

三、优化行政管理流程

法治赋能还可以通过优化行政管理流程、简化行政审批程序等方式，减轻基层政府的工作负担。通过改革行政管理体制和简化行政流程，可以有效减少基层政府在日常工作中的复杂程序和重复工作，从而节省时间和人力资源，提升工作效率。

四、推动基层治理信息化建设

法治赋能还可以通过推动基层治理的信息化建设来减轻基层政府的负担。利用现代信息技术，如大数据、人工智能、云计算等，可以提高数据处理效率，减少手动操作和信息传递的延迟。在信息化的背景下，基层政府可以更加高效地进行管理和决策，同时减少纸质文件流转、审批等烦琐的行政程序。

五、强化多元化社会治理合作机制

在基层治理中，政府的角色不应仅限于行政管理者，更应成为社会治理的协调者与推动者。法治赋能的一个重要路径是通过法律手段推动政府与社会组织、社区居民及其他社会力量的合作，形成共治共管的良性机制。通过明确各方的权利与义务，法治不仅减少了基层政府在社会治理中的直接负担，还能够促进社会资本的动员和整合，实现社会资源的最优配置。

六、推进基层干部法治素养提升

基层干部的法治素养对于法治赋能的顺利实施至关重要。法治赋能的路径之一是通过加强基层干部的法治教育与培训，提高他们的法律素养和依法行政能力。基层干部只有具备了较强的法律意识，才能在实际工作中更加有效地运用法律手段规范工作行为、化解矛盾、解决问题，从而减轻基层行政管理的负担。

七、构建权责清晰、运转高效的政府组织体系

法治赋能还应通过优化政府组织结构来减轻基层负担。政府内部职能的合理划分与优化，使得各部门能够更加高效地履行职责，避免不必要的重复劳动和职能重叠。通过法治手段进行政府职能的清理与整合，建立起

权责清晰、职责明确、工作流畅的政府组织体系，可以极大地提升基层政府的工作效率，减轻其管理负担。

法治赋能为基层减负提供了强有力的理论支持与实践路径。从"治"到"能"的转变，不仅在于法治的规范性约束，还在于通过法治提升基层治理能力，增强基层政府的社会管理和服务能力。法治赋能不仅为基层政府提供了明确的法律框架和规范，也为基层减负提供了多重路径，通过法律手段减少权力滥用、简化行政程序、提升工作效率，从而减轻基层治理的负担，提高社会治理效能。

随着中国特色社会主义法治建设的不断深化，法治赋能在基层治理中的作用将愈加凸显。通过加强法治体系建设、推动法治教育普及、优化行政管理流程以及推动信息化建设等多方面的路径，可以为基层减负提供持续的动力，推动基层治理现代化，最终实现更高效、公正、透明的社会治理体系。

总之，法治赋能为基层减负提供了坚实的理论基础和实践路径。其核心目标在于通过法治的力量，提升基层治理的整体效能和能力，减轻基层政府的行政负担，促进社会资源的优化配置，实现法治与基层治理的深度融合，推动国家治理体系和治理能力现代化。

第二章 基层减负相关概念解析

第一节 核心概念的明确

基层减负的目标是解决长期困扰基层的一些形式主义问题，推动基层工作更加高效和务实。通过减少不必要的工作负担，不仅能够为基层干部松绑，还能有效提升基层政府的质量和效率，推动基层管理体制向简约高效转型。因此，本书将首先界定与基层减负相关的核心概念，并在此基础上回顾其理论基础和现实依据，为后续研究减负路径提供框架。

一、基层政府

"基层减负"这一概念的核心背景是需要明确"基层"的定义。基层不仅可以指行政区划中的低层级单元，还包括国家治理体系的最基层层级，如基层政府、基层治理以及基层干部等。如果将"基层减负"视为基层治理的一部分，那么根据《中共中央　国务院关于加强基层治理体系和治理能力现代化建设的意见》中的定义，基层治理涵盖乡镇（街道）和城乡社区。实际上，基层减负的提出始于 2019 年 3 月中共中央办公厅发布的《关于解决形式主义突出问题为基层减负的通知》。该通知明确指出要为基层干部松绑减负，激励他们担当作为、不懈奋斗。这里的"基层干部"指的是基层政府工作人员，基层政府作为他们职责和权力的来源，自然也应当纳入减负的范围。

关于政府的概念不同学者有不尽相同的界定，如燕继荣在《政治学十五讲》中所界定的，"从广义上讲，政府可以被看成一种制定和实施公共决策，实现有序统治的机制；从狭义上讲，政府是国家权力的统称。政治学所谓的政府是对国家权力机关的统称，应当包括立法机关、行政机关、司法机关等"①。此种定义表示，即便是狭义上的政府概念也应包括立法机关、行政机关、司法机关等。海伍德认为，"政府是包括所有秩序性规则得以维系的机构，其中心特点是有能力制定和执行集体决策"②，"而行政机构是政府的最基本核心，是负责政策执行或贯彻的政府部门"③，可见，海伍德对政府的定义不完全等同于行政机关，是比行政机关更为宽泛的概念。

也有学者对政府的定义呈现出不同的想法，其区别主要集中在对狭义政府的界定上，如谢庆奎认为，"广义的政府是指包括立法、行政、司法在内的国家机关，而狭义的政府仅指国家行政机关。"④孙关宏持有相同见解："广义的'政府'则指各类国家权力机构，包括一切依法享有制定法律、执行和贯彻法律，以及解释和应用法律的公共权力的机构，即我们通常所说的立法机构、司法机构和行政机构，狭义的'政府'概念是指国家机构中执掌行政权力、履行行政职能的行政机构。"⑤这两位学者对于"狭义政府"的概念与前两位学者相比，范围较小、较明确，仅指作为行政机关的政府。

---

① 中共中央办公厅：《关于解决形式主义突出问题为基层减负的通知》，人民出版社2019年版，第1—15页。
② ［英］安德鲁·海伍德：《政治学》，张立鹏译，中国人民大学出版社2012年版，第122—130页。
③ ［英］安德鲁·海伍德：《政治学》，张立鹏译，中国人民大学出版社2012年版，第122—130页。
④ 谢庆奎：《当代中国政府与政治》，高等教育出版社2010年版，第1页。
⑤ 孙关宏等：《政治学概论》，复旦大学出版社2008年版，第124页。

　　本书选取谢庆奎和孙关宏提出的狭义政府概念，强调政府是指履行行政职能的行政机关。在此基础上，要界定基层政府，还需明确我国行政层级的设置。在法理上，根据《中华人民共和国宪法》第三十条的规定，我国分为三个行政体系层级，即省—县/市—乡三级，直辖市和较大的市分为区、县。在现行行政体制中，"四级制（省—市—县—乡）属于具有主导性地位的普遍形式"①。这种理论与现实的差距源于城市化进程与经济发展的需要。1959年，第二届全国人民代表大会常务委员会第九次会议上，《关于直辖市和较大的市可以领导县自治县的决定》获得通过，标志着"市管县"模式的首次提出。随后，1982年中共中央在51号文件中向全国发出改革地区体制、实行"市管县"体制的指示，自1983年起在全国范围内进行试点，由此产生了"地级市"这一行政单位。地级市进一步细分为若干市辖区，形成了公众所熟知的城市"区"概念。随着城乡经济的快速发展，该模式逐渐被广泛采纳。

　　在法理层面及现行体制架构中，乡被视为最基本的行政区划单位，而镇则代表了人口规模更大、经济社会发展更为成熟的乡级行政单位。众所周知，区虽然与县在行政级别上等同，但区并非独立的行政实体，而是隶属于地级市的行政管理范畴；相对而言，县作为一级行政机构，拥有独立的规划权和税收权，其行政自主性更为显著。另外，街道办事处虽然在行政级别上与乡相等，但依据《中华人民共和国地方各级人民代表大会和地方各级人民政府组织法》第八十五条第三款及第八十六条的规定，街道办事处是区或县级人民政府根据上级人民政府的批准而设立的派出机构，负责处理上级政府交办的各项事务。因此，街道办事处作为区或县政府的派出机构，其成立必须经过批准程序，这与乡镇政府作为自然形成的行政层级单位存在本质区别。此外，街道办事处在独立性、机构设置、人员编制

---

①　谢庆奎：《当代中国政府与政治》，高等教育出版社2010年版，第203页。

以及职责范围等方面，均显著低于乡镇政府。

综合前述分析，本研究将基层政府的探讨范围界定于乡镇政府层级。从法理层面以及现实行政体制的运作来看，乡镇政府无疑属于基层政府的范畴，这一点在学术界并无异议。然而，本研究选择乡镇政府作为研究对象，并非仅限于对乡镇政府自身负担问题的孤立分析。作为行政权力体系的末端，乡镇政府在行政层级中承担着上级政府或部门的指令传达与执行任务，同时在社会层面，它需服务民众及社会组织，发挥着沟通上下、协调各方的关键作用。因此，本研究在探讨乡镇政府负担问题时，将采取多主体行动视角，而非单一地从乡镇政府自身出发。

二、基层干部

"基层干部"这一概念，是由"基层"与"干部"两个词汇结合而成的。其中，"干部"一词，具有外来语的背景，其发源地为法国，并通过日本传入我国。自 20 世纪初，该词汇开始在我国广泛使用，并成为我国政治语境中不可或缺的组成部分。

在人民群众的日常交流中，基层干部常被称作基层公务员或基层公职人员，然而这些称谓所蕴含的含义存在差异。具体而言，"公务员"一词在我国《中华人民共和国公务员法》第二条中已有明确的定义，特指那些依法履行公职、纳入国家行政编制、由国家财政支付工资福利的工作人员。据此，基层公务员特指在县级以下担任国家公职、纳入国家行政编制并享有国家相关待遇的工作人员。然而，必须明确的是，并非所有在基层工作的人员均为基层公务员，还有一部分人员虽承担着基层重要工作，却不属于公务员范畴。例如，拥有事业编制的乡镇工作人员，他们的工作内容与基层公务员大体一致，但并不纳入基层公务员序列，其工资待遇的确定方式与公务员编制人员通过职务和级别定薪不同，而是依据职称来确定。

在实践活动中，与群众最为贴近的农村干部，作为国家行政干部体系之外的群体，是由村民通过选举产生的，承担特定职责、行使公共权力、进行管理和提供公共服务的工作人员，他们享有相应的政治和经济待遇。这一群体在基层治理中扮演着至关重要的角色。因此，从广义上讲，基层干部是一个包含更为广泛范畴的概念，涵盖了基层公务员、基层事业单位工作人员以及乡村干部。鉴于本书的研究对象为基层乡镇政府，本文所指的基层干部特指在乡镇政府机关担任公共职务的领导干部及工作人员。

三、基层减负

在探讨基层减负议题时，"负"字的含义，本义指"以背负物"，后引申为承担的重担和责任。根据《现代汉语词典》的权威阐释，"负担"一词在动词形态下，意味着承担和背负；作为名词，则指代所承受的压力和担当的责任。从这一角度出发，负担的存在具有客观性，但在实际度量时，主观因素亦有所影响。在尽量降低个人主观认识对负担度量的干扰的同时，还需努力寻找和确立客观的界定标准。对此，国内学者基于基层工作实践，对基层负担的概念提出了自己的理解。

颜昌武、杨郑媛认为，"基层负担指基层人员因缺乏必要的资源（包括权力、时间、技术和能力等）而无法顺利完成其角色任务时所体验到的一种压力。"[1]

王向阳将基层负担简单地理解为"当前基层治理中的工作负担""工作内容多，工作形式多；工作内容少，工作形式多；工作内容与工作形式不匹配，且失衡明显"[2]。

---

[1] 颜昌武、杨郑媛：《加压式减负：基层减负难的一个解释性框架》，《理论与改革》2022 年第 1 期。

[2] 王向阳：《国家治理转型与基层减负悖论——基于近年来基层治理时间的考察》，《理论与改革》2022 年第 3 期。

胡晓东从工作时间和工作要求与资源匹配来判断负担，认为工作负担是一个工作时间的概念，他将工作时间划分为正常、加班、超负荷三个工作时间段，工作时间处于超负荷的状态即为工作负担。[①]

综上所述，我们可以明确界定基层负担的含义：即在基层一定工作周期内，出现超出合理工作量的额外工作，以及承担非基层政府及其干部本职工作范畴内的职能与责任。

"基层减负"工作，旨在切实减轻基层工作负担。在执行过程中，必须明确区分基层应承担与不应承担的职责。依据国家法律法规明确规定的基层乡镇职能和责任，不仅不会减轻，反而需进一步加强其职能和责任的落实。然而，对于那些本不应由基层承担，或基层乡镇过度承担的职能和责任，正是我们实施基层减负工作的重点所在。减负工作意在使基层干部摆脱无实质意义的事务纠缠，着力解决形式主义等突出问题，去除那些因形式主义、官僚主义以及不合理的督查、考核和问责制度所引发的工作负担，绝非减轻担当或责任。通过此举，旨在提升服务人民的质量与效率。同时，基层减负作为一项持续推进的政策措施，其内涵将随着实践的深入而不断丰富和发展。

第二节　基层减负的理论基础

一、基层减负相关理论

形式主义和官僚主义一直是党和国家事业发展的重大障碍。中国共产党历来高度重视这两个问题，历代党和国家领导人都对其进行了重要论

[①]　胡晓东：《基层"减负"与治理：根源性因素探讨》，《治理研究》2020 年第 2 期。

述。以习近平同志为核心的党中央更是明确表示，坚决整治形式主义和官僚主义，并推动实施"基层减负年"政策，旨在为基层松绑，减轻不必要的负担，促进基层工作效率的提升。这些重要论述为研究基层减负的现状及其解决路径提供了重要的理论依据和指导。

第一，对形式主义的本质判断。形式主义的本质在于一些干部通过弄虚作假、表面功夫来应付组织和群众，导致基层和群众的强烈反感。其根源在于人的思想观念和行为方式。形式主义并非单纯的工作方法问题，而是思想态度的问题。要根本破解形式主义，最有效的途径就是加强思想教育，提升干部的思想觉悟，促使他们真正树立为民服务、履职尽责的意识。

第二，加强思想和制度建设。开会是总结经验、凝聚共识的重要途径，但必须讲求效率，避免陷入无休止的长篇大论和频繁开会的形式主义陷阱。"文山会海"是基层常见的形式主义表现，它不仅耗费时间和精力，而且往往无法解决实际问题。部分领导干部之所以喜欢这种开会方式，往往是因为工作缺乏条理、效率意识薄弱，甚至习惯了通过开会来推动工作，这反映出一种懒政思维。形式主义的根源除了思想懈怠，还在于组织体制的不完善。为此，党在总结经验的基础上，出台了一系列法规，规范领导干部行为，为打破形式主义提供了有力支持。

第三，工作务实，密切联系群众。形式主义的产生，根本上源于一些干部背离了党的宗旨，他们忽视了群众需求，脱离实际工作，缺乏为人民服务的责任感。在改进领导方法和工作作风方面，必须做到真抓实干，深入实际，多到基层去听取群众意见，推动工作真正落实。党始终扎根人民，党的力量源于人民，党员干部要始终将人民的利益放在首位，确保党同人民的联系始终紧密，真正做到服务群众、落实民生。

第四，保持党的先进性和纯洁性。党始终立于不败之地，关键在于保持优良作风。党内干部作风不实，不仅会对党和人民事业造成损害，还会破坏党同人民群众之间的关系，激起群众的强烈反感。形式主义和官僚主义脱离了党的宗旨，背离了人民的根本利益，若不加以纠正，将会引发更大的问题。党的事业是靠实干推动的，而非空洞的言辞，只有坚持求真务实、脚踏实地，才能确保党和人民事业的蓬勃发展。

第五，整治形式主义和为基层减负相结合。2019年，中共中央办公厅发布了《关于解决形式主义突出问题为基层减负的通知》，将2019年定为"基层减负年"，首次全面部署了基层减负工作。这一通知重点从思想教育、"文山会海"整治、督查考核规范、制度优化和组织领导等方面入手，致力于解决基层工作中的形式主义问题。通过将整治形式主义与基层减负紧密结合，政策的落地旨在纠正形式主义和官僚主义，切实减轻基层干部的工作负担，使他们能够把更多的时间和精力投入具体工作的落实上。要把一切工作放在为群众解决实际问题上来，持续为基层减负，反对形式主义、官僚主义，把资源真正用到发展经济和改善民生上来。

整治形式主义和为基层减负的思想，根植于中国革命、建设、改革的实际情况，是根据中国的现实需求逐步发展形成的。这一思想的核心在于通过反形式主义、官僚主义的理论，推动社会发展，致力于解决基层治理中的难题，为我国从大国向强国转型提供动力。其中所包含的反对形式主义和官僚主义的理论、基层减负理论以及具体的路径论述，成为研究基层减负现状与解决路径的重要理论依据。

二、"委托—代理"理论

"委托—代理"理论源于经济学领域，最初用来描述企业所有者与代理人之间的关系。由于代理人通常掌握比委托人更多的专业知识与信息，因此他们有可能为了自己的利益作出不符合委托人利益的决策，这一差距被称为"代理成本"。为了有效约束代理人的行为，委托人通常采用激励与监督手段，既可以通过激励提升代理人的工作积极性，也可以通过监督机制来限制其滥用权力。这一理论在 20 世纪 70 年代被引入政治学，开始用于分析政府官僚与委托人（如议会）之间的关系，并逐步扩展到选举、政治决策等领域。

现代代议制民主建立在"社会契约论"和"主权在民"理念之上，形成了政治领域中的双重"委托—代理"关系。在代议制民主下，人民作为国家主权的拥有者，通过让渡部分治理权力，将国家管理的具体事务授权给议会或政府机关代为行使。然而，直接民主在实际操作中受到诸多限制，诸如人民素质、人口数量和地域范围等因素使得全体公民无法直接参与到国家治理中。因此，代议制民主作为一种间接民主模式应运而生。

在这种模式下，人民将国家的管理权委托给政府，而政府则通过选择具备专业能力的官僚来执行具体的政治任务。这便形成了"人民—政府—官僚"的双重委托—代理关系：政府既是代理人，也在某些情况下是委托人。通过这种结构，代议制民主使得治理过程既能够代表民意，又能高效执行复杂的国家管理任务。

在委托—代理关系中，当信息不对称且委托人与代理人之间的利益不一致时，可能导致一系列问题，包括权力滥用、腐败、体制臃肿和低效等，这些都会侵害到委托人的利益，并削弱公民参与政治和外部监督的有效性。此时，代理人的权力与其承担的职责之间必然存在不对称性，这种不对称是该关系模式的一个固有问题。

"委托—代理"理论揭示了现代政府权力的来源，即权力源自人民的信任和委托。然而，在"人民—政府—官僚"的双重委托代理模式下，责任的有效落实不仅依赖于政府是否合法合理地履行职责，还受到官僚行为的影响。这种落实程度很大程度上取决于行政人员的道德水平以及不同组织之间权责划分的明确程度。

三、科层制管理理论

科层制又称官僚制，是社会学家马克斯·韦伯的经典理论贡献。其设计初衷是为了革新传统行政机构的运行效率，核心理念在于明确职责划分与强调专业素养。这种组织形态的关键特征是设立严谨的层级架构，下属必须严格执行上级的指令，以高效地达成既定目标为首要任务，并将效率视为最重要的衡量标准。毋庸讳言，在实践过程中，这种层级分明的体制亦会滋生诸多问题。尽管如此，官僚体系在当今社会依然扮演着举足轻重的角色，是现代国家不可或缺的组成部分，并被广泛认为是目前全球范围内最行之有效的管理模式。

在科层制中，下级必须绝对服从上级的指令，并遵循指令高效完成工作。这种组织模式虽发轫于西方，但其专业分工、层级分明、客观公正、制度规范等特点使其具备了显著的效率优势，在众多组织形式中脱颖而出，具备其内在的合理性。正是由于这些优势，科层制管理理论在中国得到了蓬勃发展，并逐渐契合了市场经济的需求，有力推动了国家治理体系和治理能力的提升。如今，科层制已然成为现代社会推崇的组织形态和管理模式。在国家治理现代化的进程中，基层治理面临诸多挑战，而科层制正是实现有效基层治理的关键途径。因此，运用科层制的理论框架来审视和分析当前中国基层减负工作面临的困境，无疑是一种极具解释力的研究思路。

四、责任政治理论

（一）观念与制度中的责任

责任最早源于人类社会的道德和伦理要求，随着社会的发展，尤其是政治文明的进步，责任逐渐从伦理要求演变为制度要素。责任政治是"以责任为'中轴'的政治形态,强调政治中的责任关系与责任形式,并以此展开特定的权力结构、制度设计与行动方式"①。这种定义下,责任不仅是社会互动的基础,也是连接政府与人民、上级与下级政府之间相互依赖的关键纽带。

"责任"这一观念最早可以追溯到原始社会,在部落内部以及部落之间基于血缘和相互信任建立了"互负信任"的关系,这一模式推动了人类文明的进步。随着人类社会逐渐发展成具有统一秩序的国家或城邦,责任的观念逐渐融入政治思想和制度框架中。因此,理解责任政治的核心,首先需要清晰地把握责任观念在政治思想和社会发展的演进逻辑。

在西方政治发展的过程中,责任观念最初是体现在伦理道德中的,尤其强调公民对城邦的责任。然而,这种以道德为基础的责任缺乏足够的约束力,未能有效确保政治的稳定。随着文艺复兴等运动的推动,关于"人"的思考逐渐取代了神学的束缚,促进了对人与政治共同体关系的深刻反思。洛克通过契约关系确立了公民与政府之间的责任关系,而卢梭则提出了"人民主权"的概念,明确政府应根据公民意志行使权力。这一过程中,责任政治从伦理要求逐步转向权力—责任的核心模式,随着权利意识的兴起,政治制度逐渐转向更加注重人民权利的政府责任制度建设。

审视中国古代责任政治思想,儒家学说始终占据主导地位。孔子所提出的责任政治理念,注重个人道德修养,主张人们应各司其职、各尽其责,以促进国家的稳定发展;孟子则在其思想中融入了"民本"理念,彰显了责任政治的精髓,即君主应关注民众情感与需求,担负起对民众的责任。但必须明确,"民本"并非民主思想的体现,而是君主维系统治的策略。

董仲舒的"天人感应、天人合一"理念,使儒家思想成为古代社会意

---

① 张贤明、张力伟:《论责任政治》,《政治学研究》2018 年第 2 期。

识形态的主导，这一理念既是对君权的加强，也是对君权的制约，将君主的德行与"天命"相联系，为君主失责提供了"天命惩戒"的理论依据。尽管明清时期出现了对传统儒家思想的批判，但并未成为主流。儒家思想以"礼"和"仁"为核心，"礼"强调"正名"，即个体在特定社会关系中的行为应符合角色要求与限制，并受到外部伦理规范的约束，如"君臣""父子"关系，这是一种从社会角度理解个人责任的观念，进而构建了"责任社会"。"仁"则关注他人，主张"己所不欲，勿施于人"，既是个人道德的自我约束，也是人际交往的基本准则。"礼"与"仁"共同构成了中国古代社会责任政治的现实结构和规范理想。在国家治理层面，责任理念体现为"仁政"，并融合了法家的有益元素，形成了强调民众顺从、臣子忠诚、君主仁爱的双向责任关系。中国传统儒家思想对家国责任、君子修身的重视，使得责任理念贯穿于个人、家庭、社会及国家各个层面，成为政治生活与日常生活中不可或缺的关键纽带。

（二）责任政治中的权责关系

权力是政治学的核心概念，而与权力紧密相联的则是责任。理解权责关系的关键在于明确其逻辑顺序。首先要区分两种方式：一种是"以权定责"，即在划定权力范围后再确定责任；另一种是"以责定权"，即首先明确责任，然后根据责任来定义所应拥有的权力。如果采取"以权定责"的方式，责任便可能沦为权力的附庸，无法有效地制约权力。而"以责定权"则更为合理，它通过先确定责任的范围，再赋予权力，确保了权力与责任的一致性，这样才能防止权力的滥用，保证政治权力行使的合法性与合理性。

在明确权责逻辑关系后，权力与责任之间的对等关系变得至关重要。权责一致是现代组织设计的核心原则之一，其中"权"可以细分为"权利"和"权力"。个人的责任和义务通常与其权利紧密相关，责任的限制决定了权利的界限。在公共行政领域，权力的行使需要与行政能力相匹配，且必须严格遵循其职能范围。权力的核心目的是保障公众的合法权益，任何侵害公众权益的行为都应视为滥用权力。如果权力大于责任或没有责任作为制约，可能导致权力的滥用；相反，如果责任大于权力或缺乏相应权力来执行责任，则会影响政府职能的正常履行。因此，确保权力和责任的对等是避免滥权和失责的关键。

责任包含两个层面：积极责任和消极责任。积极责任是指责任主体主动履行与其角色相匹配的职责，而消极责任则是在责任主体未能履行义务或行为不符合规范时应受到的惩罚。基于这一视角，"权责一致"可以分为两个方面：一是权力与积极责任的一致，即权力的授予应当与主体主动履行责任的能力和角色相匹配；二是权力与消极责任的一致，即当权力被滥用或责任未得到履行时，必须通过相应的惩罚机制予以制约和纠正。

"权力与积极责任一致"可以从两个方面来理解。首先，是"有权必有责"，即责任的承担必须与所授予的权力相匹配，这意味着权力的行使应当依据相应的责任要求来界定。其次，权力的授予必须伴随相关责任的设定与约束，即规定权力行使的边界和限制。这不仅要求政府及其工作人员正确执行任务，还要求他们确保所做的决策和行动是符合道德标准的，具备正确的价值导向。

"权力与消极责任一致"也可以分为两个方面。首先，消极责任通过对权力滥用或未履行责任的惩罚，作为外在的制度约束，确保权力行使者能够履行责任。其次，惩罚的力度需要与权力滥用或未履行责任的程度相匹配，避免过轻的惩罚让滥用权力带来的利益超过惩罚本身，无法产生威慑作用；同时，也要避免过度惩罚，以免抑制权力行使者的积极性和创新能力。

（三）"观念—结构—行动"的责任政治理论阐释

责任政治既是一种抽象的政治形态，也是一种现实的制度安排，有学者通过对"责任政治"概念的探讨，提出了一种新的理论阐释视角，即从"观念—结构—行动"三个维度出发。[①] 这一视角帮助我们更深入地分析责任政治的各个方面，明确它在实际操作中的具体体现和影响机制。

1. 观念维度

在责任政治的"观念"维度中，观念既是责任主体内在的自我约束，也是外部潜在的影响力量。观念不仅能够影响人们的行为，还对政治制度的运作产生重要作用。同时，个体行为和制度运作也会反过来强化观念本身。因此，观念在"观念—结构—行动"三个维度中占据基础性和根本性的地位，成为指导责任结构和行动的思想基础。

在责任政治的"观念"维度中，首先需要明确责任主体在社会关系或政治体系中所承担的角色。在现代社会中，参与主体是多元的，只有准确辨析每个主体的角色，才能明确其应持有的责任观念并推动行动。其次，需要区分"应该怎么做"与"必须这么做"这两个概念。"应该怎么做"更多地依赖责任主体的价值观和道德观念，强调主动选择，而"必须这么做"则是伴随不利后果的强制性规定。因此，责任政治的观念维度的核心便是"责任主体所承担的角色"与"责任主体应持有何种责任态度"[②]。

在政治生活中，我们可以根据职责的不同将主体粗略划分为两类：一类是政府及其工作人员，作为"权力"的拥有者，内部可进一步划分为上级、下级和同级之间；另一类是公民或社会组织，作为"权利"的享有者。对于政府及其工作人员来说，服从规则、遵纪守法、全心全意为人民服务以及拒绝任何形式的平庸和不负责任是最基本的责任要求。对于公民和社

---

① 张贤明、张力伟：《论责任政治》，《政治学研究》2018 年第 2 期。
② 张力伟：《论责任政治：政治生活的责任逻辑》，吉林大学硕士学位论文，2020 年。

会团体而言，最基本的责任是避免侵害公共利益，认同社会共同体，并积极参与政治生活，为社会作出贡献则是更高层次的美德体现。

2.结构维度

"结构"概念的内涵极为丰富，它不仅涵盖了正式的制度性规则，还包括了非正式的约束性条件。在责任政治领域，"结构"就是探讨责任在政治体制运行过程中所发挥的作用，可以从三个方面对结构维度进行探讨，即定责结构、履责结构和究责结构。①

在复杂的社会环境中，个人所承担的角色往往是多样且复杂的。根据"角色理论"，每个角色都与特定的"位置"紧密相联，个体因其不同的"位置"承担相应的责任。因此，确定责任的过程应当基于角色与位置的关联。在这一过程中，政府作为一个"位置"，其工作人员承担着为人民服务的角色。政府本身由不同部门组成，在政治体制的运作中也应承担整体性的责任。一旦明确了责任主体的角色和应承担的责任，责任的分配应以能力为前提。只有明确了责任，才能赋予某一主体相应的权力来履行责任。而权力与责任之间应保持对等关系，确保两者的良性互动和有效运行，即应当"以能定责，以责确权"，实现权责的统一。

"履责"是在定责的基础上将责任付诸实践的过程，责任的实现可以分为两种方式，"积极责任"的履行与"消极责任"的承担，责任主体的能力与责任主体的意愿是区分"积极责任"与"消极责任"的关键。这意味着，责任的履行不仅依赖于责任主体的道德水平，因为道德是内化的，且存在高低之分，因此单靠道德约束无法有效确保责任的实现。为此，除了道德规范，还需要通过外在制度来形成对责任履行的制约。在政治体制运行中，履责结构指一系列能有效推动责任落实的制度，这些制度与责任观念相辅相成，确保责任得以真正履行并落实到位。

---

① 张力伟：《论责任政治：政治生活的责任逻辑》，吉林大学硕士学位论文，2020年。

"究责"结构主要是对责任主体的行为进行评估，以检验相关制度是否达成预期目标，并对未履行责任或失范行为进行惩戒。它从惩戒的角度出发，是对"履责"结构的有力补充。二者相辅相成，从正反两个方面共同确保责任的落实。同时，只有在"定责结构"明确的基础上，"究责"才能得到有效的实施，确保责任的清晰与落实。

3. 行动维度

在责任的框架下，"行动"是责任得以实现的重要途径。然而，由于监控不足或其他外部因素的影响，实际行动的结果可能会出现偏差。反思机制则为我们提供了修正这些偏差的机会。此外，其他主体的积极参与能够弥补行动者认知上的不足，从而促进责任的更全面落实。"无论是观念还是结构，都依靠行动来表达，行动是观念与结构的表现，观念体现了行动的价值，而结构框定了行动者的行为规范。"[1]

综上所述，"观念—结构—行动"三维模型为责任政治提供了系统化的分析框架。观念维度代表了行动者在履行责任过程中所依据的价值观，而结构维度则明确了如何通过机制保障责任的实现。行动维度则强调，负责任的行为需要不断调整并依赖多方主体的协作。这三者相互联系，构成了政治体制运行的动态系统，全面覆盖了内外部影响、道德约束和行动过程，为基层政府减负和更有效地解决问题提供了建设性的理论支持。

第三节　基层减负的现实依据

通过分析基层减负的现实依据，能够更加清晰地理解我国推动这一举

---

[1]　张贤明、张力伟：《论责任政治》，《政治学研究》2018 年第 2 期。

措的目标和价值追求。整理相关资料后，可以看出，基层减负的现实依据主要体现在四个关键方面。

一、改善基层民生的基本要求

基层是社会的基础，关系着民生、民意与民情。人民对美好生活的追求，既与党的使命和目标紧密相连，也与基层的实际工作息息相关。基层承担着党和群众的期望，是落实改革发展各项任务的重要力量。要实现人民群众对美好生活的向往，必须减轻基层负担，使基层干部能够集中更多时间和精力服务民生，推动民生各项工作的改善，从而不断提升人民的福祉。

（一）要实现基层治理现代化必须为基层减负

当前形势下，为了切实改善民生、实现人民的幸福，我们深知这一目标需要实实在在地努力。因此，要推动基层治理现代化，关键是减少基层干部在繁杂事务中的时间消耗，避免"文山会海"的困扰。只有把时间更多地留给基层，让干部深入田间地头，与群众面对面，才能为人民带去更有力的指导和更贴心的关怀。这不仅能有效提升服务质量，也能为基层干部注入强大的动力和充足的信心。

（二）要让基层干部实干作为勇担当必须为基层减负

基层干部是党和人民之间的桥梁，既是党中央的眼、耳、口、手，也是党政策落实的关键力量。能否有效执行民生政策，关键在于基层干部能否专注本职工作。减负的核心在于去除繁杂的形式主义，赋予基层干部更多的勇气和实干精神。通过松绑减负，激发基层干部的担当意识，推动他们更好地服务群众，这不仅是落实民生政策的基本要求，也是回应人民对美好生活期望的必然举措。

二、推动基层治理的重要内容

基层治理任务繁杂，要攻克这些难题，必须先从减轻基层负担入手。尽管我国脱贫攻坚任务已圆满完成，但要巩固成果并与乡村全面振兴有效衔接，实现城乡共同富裕，依然面临诸多挑战。作为政策的执行者和推动者，基层干部在这一过程中扮演着至关重要的角色。为了确保脱贫与乡村全面振兴的顺利衔接，必须减轻基层干部的形式主义负担，让他们能够专注于推动实质性工作，齐心协力共同推动乡村振兴。

（一）提升基层干部的治理能力必须为基层减负

我国第一个百年奋斗目标已经胜利实现，第二个百年奋斗目标的征程赋予我们更加强劲的动力和挑战。对于基层而言，肩负的责任更加重大。必须切实减轻基层负担，确保基层干部能够集中时间和精力，有效应对新的治理挑战，破解基层治理难题，提高治理效能，在实际工作中更好地促进产业发展，助力乡村振兴。

（二）节省治理成本和国家资源必须为基层减负

一些地方层层加码的政策和不切实际的标准，导致国家的资源投入与群众的实际需求脱节，最终产生了资源浪费，无法产生实质效果。同时，部分基层政府为了争夺有限的资源，过度应对上级的形式主义任务，消耗了大量基层干部的精力，造成了治理成本的沉重负担。为了打破这种困境，必须为基层减负，将干部从无谓的事务中解脱出来。这样不仅能够节约治理成本和国家资源，还能激励基层干部崇尚实干、勇于担当，让他们将更多精力投入推动基层治理的工作中，从而实现基层治理的高质量发展。

三、社会稳定发展的有力保障

基层社会的稳定不仅关乎人民群众的安居乐业，还直接影响国家与社会的整体安定。要实现社会的持续稳定发展，必须依赖于人民群众与基层干部的紧密合作与相互契合。双方需要自觉承担起维护社会和谐稳定的责任，共同努力确保社会的和谐与稳定。

（一）拉近干群关系必须为基层减负

基层干部的根本宗旨在于"全心全意为人民服务"，而非被各类表格、报告和会议所束缚。如果形式主义的会议和考核泛滥，那么将导致基层干部把大量宝贵时间耗费于非核心事务，影响工作落实和为民服务的效率。为了切实减轻基层干部的工作负担，必须坚决摒弃形式主义，确保他们能够从繁杂的事务性工作中解脱出来，从而有更多时间深入群众、倾听民声、履行主责、服务人民、解决民生问题，进一步密切党群关系，增进干群之间的感情。推动基层工作从"忙于事务"向"注重服务"转变，不仅有助于减轻基层干部的工作压力，而且能够使群众享受到更加贴心、暖心的服务。

（二）提高政府公信力必须为基层减负

基层政府作为党和国家与人民群众之间的桥梁，基层干部的工作直接代表着党的形象。然而，部分基层干部的形式主义作风却在群众中引发了负面反响，这种脱离实际、哗众取宠的做法不仅加大了党政干部与人民群众之间的距离，还破坏了原本应当紧密的干群关系，导致群众的不满和不配合，从而降低了政府的公信力。为了确保社会的稳定发展，必须为基层减负，减少形式主义，让基层干部能够更好地贯彻党和国家的方针政策，拉近与群众的关系，及时掌握民意，提升政府的公信力，维护社会的和谐与稳定。

四、全面从严治党的有效举措

自实施全面从严治党和加强作风建设以来，形式主义等问题有了明显改善，但部分地方仍面临顽固不化的现象，甚至出现了新的形式主义变种。为基层减负，集中整治形式主义问题，成为新时代全面从严治党的有效举措，有助于进一步清除不必要的负担，提升基层工作效能，确保党风政风持续向好发展。

（一）解决围绕在群众身边的不正之风必须为基层减负

形式主义和官僚主义是当前党内的突出矛盾，不仅加重了基层负担，还影响了党员干部的理想信念。那些染上这些恶习的干部往往会将个人利益置于党和人民之上，损害国家和群众的利益，并助长了欺上瞒下、弄虚作假的不正之风，这严重败坏了党的风气。因此，必须为基层减负，清除形式主义滋生的土壤，为党员干部创造更纯净的工作环境，从根本上解决这些问题。

（二）把握全面从严治党永远在路上必须为基层减负

形式主义的滋生不仅助长了腐败现象，也让部分领导干部热衷于追求"政绩工程"，甚至有个别党员干部为了谋取个人利益、给上级留下好印象，做出不符合实际的承诺，提出一些不切实际的高指标。这些行为与腐败息息相关，极大地破坏了党和政府的公信力。因此，必须严肃整治形式主义，为基层减负，清除干部中的不正之风，铲除腐败现象，以彻底的自我革命精神推动党和国家事业的健康发展。

第三章　基层减负的现状与分析

第一节　基层减负取得的显著成效

　　近年来，在党中央的引领和地方政府的积极推动下，基层减负工作取得了显著进展。通过一系列措施，基层的"文山会海"大幅减少，督查检查考核事项也得到了有效精简，党风政风进一步改善，基层干部的工作效率和干事积极性显著提升。这些变化赢得了广大基层干部的广泛认可，进一步推动了基层工作的高效开展。

一、基层"文山会海"总量减少

　　整治"文山会海"是基层减负的核心目标之一，而减少文件和会议数量是减轻基层干部负担的首要任务。2019 年，党中央发布政策文件，明确要求减少县级以下的文件和会议数量 30%—50%，精简文件篇幅，倡导少开会、开短会、开管用的会。这一举措充分体现了党中央对基层干部的关心，旨在减轻他们的负担，同时鼓励干部承担更多责任。各地如北京、辽宁、山东、江苏、海南等迅速采取行动，实施精文减会措施，减轻了基层工作中的烦琐负担。

二、督查检查考核事项明显缩减

督查检查考核频次过多一直是基层干部反映负担沉重的主要问题，为了减轻这一负担，规范督查检查考核成为党中央减负的重要措施。2018年，中共中央办公厅出台《关于统筹规范督查检查考核工作的通知》，开始治理上级督查检查考核过多过滥的问题。2019 年，党中央进一步明确要求，减少县乡村等地区的督查检查频次 50%以上。经过多方面的努力，督查检查考核的事项逐年减少，2021 年中央和地方的督查计划数量比2018 年减少了 94.8%，到 2022 年，国务院部门的督查检查事项减少至 32项，整体降幅超过 95%。这一系列举措有效控制了督查检查的总量，明显改善了过多过频等问题，减轻了基层的工作压力。

三、党风政风纠治持续向善向好

2019 年 12 月，中央纪委国家监委在调整违反中央八项规定精神问题数据时，将基层因形式主义、官僚主义问题而承受的沉重负担纳入考量。督查检查考核的过度频繁和过度留痕问题给基层带来了显著的负担。这些问题以月报形式呈现，充分展现了数据统计指标体系作为"指向标"的关键作用。自 2019 年确定"基层减负年"以来，国家持续对形式主义、官僚主义问题进行整治。至 2022 年，国家查处违反中央八项规定精神问题共计 95376 起，其中形式主义、官僚主义问题 44765 件，占查处总数的47%。从问题类型分析（详见图 3—1），履职不力、不担当不作为等问题的查处比例依然较高，表明需要持续加大整治力度。同时，"文山会海"现象的反弹、检查考核的过度频繁等问题得到了有效控制，查处比例相对较低，显示出持续纠治的积极成效。

依据中央纪委国家监委发布的官方数据，2019 年 12 月至 2022 年 12

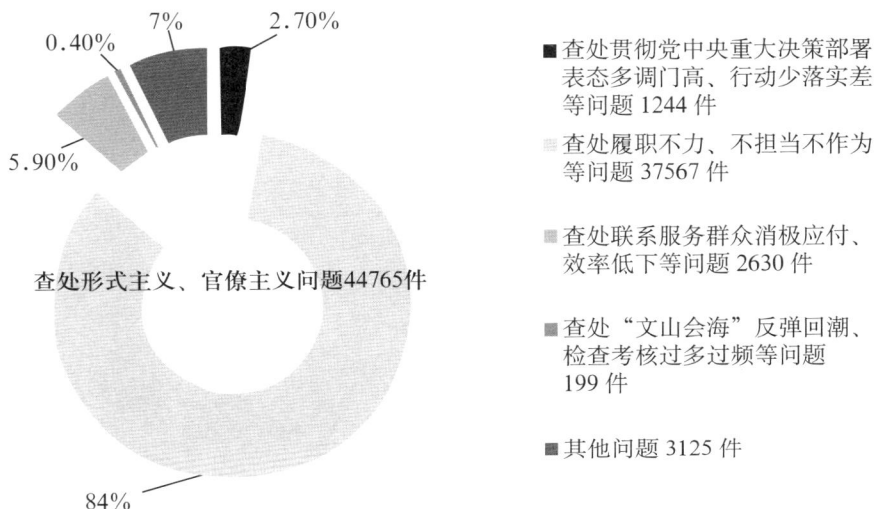

图 3—1　2022 年以来中央查处形式主义、官僚主义问题类型分布
(数据来自中央纪委国家监委网站)

月，我国在减轻基层负担方面取得了显著成效。具体来看，2019 年全国共查处加重基层负担问题 1696 起，对 2755 名相关责任人进行了批评教育、帮助和处理；2020 年查处问题 654 起，处理 1044 人；2021 年查处问题 371 起，处理 522 人；2022 年查处问题 199 起，处理 323 人(详见图 3—2)。这些数据充分体现了党风政风的焕然一新，社风民风的持续向好。这些成果也从侧面映射出党中央在推进基层减负工作方面取得的积极进展。特别是在整治"文山会海"、纠正文风会风不实不正、减少督查检查考核的频次和过度留痕等问题上，2022 年查处问题数量与 2019 年相比减少了 88.3%，显示从 2019 年至 2022 年，查处给基层造成负担的问题数呈现出逐年下降的趋势(详见图 3—2)。党中央推进的减负工作取得了初步成效，基层减负在数量上取得了显著成果，形式主义问题在查处数量上得到了有效遏制，党中央推进的基层减负工作取得了初步胜利。

（起／人）

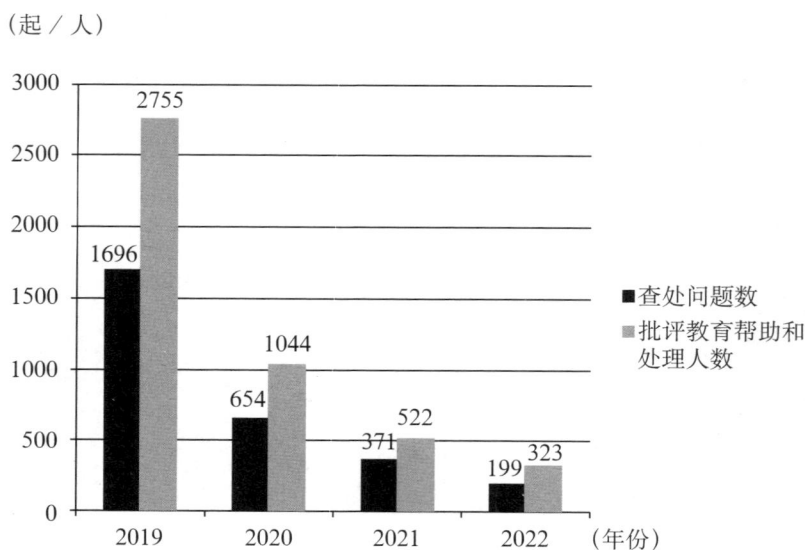

图3—2　查处"文山会海"反弹回潮、文风会风不实、检查考核过多过频、过度留痕等问题数据

（数据来自中央纪委国家监委网站）

四、基层干部干事效能大幅提高

减负的最终目的是提高效能，而非单纯减少负担。通过减轻基层干部身上的形式主义负担，使他们有更多时间专注于联系群众并激发工作潜能。随着各地减负政策的持续推进，基层干部的工作积极性、有效性和科学性不断提升，整体干事效能大幅提高。这些变化让基层工作的质量和效率得到了显著提升。

（一）提高了基层干部工作的积极性

基层干部的工作积极性直接决定了国家政策和方针的实施效率。若基层干部负担过重，缺乏动力，基层部门的执行力和效率将大打折扣。

随着基层减负政策的不断推进和资源的增加，一方面有效提升了基层干部的工作积极性，使他们能够有更多精力和耐心去联系群众、解决民生问题；另一方面，这些政策增强了基层干部的责任担当精神。《中国共产党问责条例》的修订，使得相关部门在问责时更加审慎，确保基层干部能够以更高标准、更严要求推动工作，进一步提升了基层治理的质量和效率。

（二）提高了基层干部的工作有效性

基层干部的工作有效性指的是其解决实际问题的能力，而干部的积极性则是影响这些问题能否得到及时和有效解决的关键。效率越高，干部的工作业绩和能力也会随之提升。基层减负政策的实施，尤其是自 2019 年起清理和整合各类政务 APP，帮助基层干部摆脱了"指尖上的形式主义"。这一举措使得基层干部从繁杂的政务操作中解放出来，有更多精力和时间集中在基层治理中的实际问题上，从而提升了解决问题的能力和工作效率。

（三）提高了基层干部工作的科学性

为基层干部松绑减负，减轻了不必要的形式主义负担，使得干部在确保遵循科学化、规范化的行为准则的同时，增强了政府问责的力度和行为约束。这一转变主要体现在以下三个方面：首先，基层干部在遵守党的政治纪律、组织纪律和国家法律体系方面有所提升；其次，在处理核心任务和具体工作案件时，干部的能力得到了显著改善；最后，基层干部的规则意识增强，更加注重在权责体系范围内规范自己的行为。减负不仅帮助干部将组织要求更好地应用于实际工作，也推动了干部自我要求的提高，进一步提升了整体工作效能。

第二节　部分地区基层减负面临的问题

基层政府并非独立的行政单位，而是隶属于更广泛的行政体系，承担着双重责任：一方面对上级政府负责，另一方面对法律和人民负责。因此，单纯从基层政府自身角度探讨其负担重的问题是片面的。从多主体互动的视角来看，基层政府负担重的根源可以追溯到权责界限不清、权责失衡的情况。基于"观念—结构—行动"的内在逻辑，造成基层负担重的主要原因有三点：首先，部分基层政府在权责观念和服务意识上较为薄弱，未能充分认识到为人民服务的重要性；其次，部分基层政府内部的运作存在失衡，缺乏有效的职能协调；最后，协同治理各主体的行动缺位，各方之间缺乏有效合作，导致部分基层政府执行力不足。

一、部分地区责任主体权责观与为人民服务的观念不够明确

（一）任务目标"层层加码"

在科层制体制中，严格的等级制度和规范化的操作程序要求下级政府严格遵循上级指示，这使得任务能自上而下地传递并逐级加重。多层级政府结构中的"层层加码"现象便由此而生，基层政府作为执行末端，常常承担着由上级逐步加重的工作负担和压力。学者们提出的"压力型体制"最初用以描述计划经济向市场经济转型中的经济压力，随着时间的推移，这一模式的解释也逐渐扩展到社会管理和政府管理领域，揭示了基层政府所面临的越来越复杂的社会治理和管理任务。此外，"行政发包制"进一步加剧了这一现象，基层政府在执行各项任务时，实际上是接受上级政府逐级"转包"的管理责任，每一轮的"转包"都意味着政府职权和责任的

传递，且上级政府对下级的选择和监督进一步强化了这一层层递增的工作负担。

在当前的行政管理体制中，部分上级政府对权责界限认识的不足，是导致"层层加码"现象产生的根本原因。在压力型体制下，基层政府作为任务的承接方和行政发包的最终承包方，必须承担来自上级政府的任务与压力。在权责界限模糊和上下级权力不对等的背景下，上级政府若能承担与其权力相匹配的责任与工作，实现上下级政府各司其职，这将是政府运行的理想状态。然而，若上级政府权责观念淡薄，基于"自利性"考虑，无论是集中权力、推卸责任，还是出于政绩需求，均会将工作职责转移至下级政府，而不相应下放权力与资源，从而容易导致任务无限制地分配给下级政府。这种科层体制的必然结果，由于权责界限的不清晰与权责意识的薄弱，将进一步加重基层政府的责任与负担。

（二）责任"甩锅"与责任"分锅"

确保责任落实的一种方法是通过问责，问责通常伴随着惩罚或不利后果。在政策执行过程中，一些基层政府的上级政府往往出于对上级问责的担忧，避免直接参与执行，而是仅提供战略指导或设定任务目标，把实际职责下放到基层政府。这种做法实际上是上级政府为规避责任，采取的一种"甩锅"方式。

除了"甩锅"外，一些上下级政府之间还存在事先"分锅"的现象，双方在责任分配时提前划定各自的职责，以便面对上级问责时能够迅速应对并明确责任主体。然而，在这一过程中，上级政府通常占据主导地位，将更多责任，尤其是高风险的任务，分配给基层政府，从而加重了基层政府的工作负担。这种"甩锅"与"分锅"现象之所以能够发生，根源在于上下级政府之间缺乏明确的权责界限。上级政府可以利用其管理和指挥地位，将不愿承担或具有风险的任务层层下派，而基层政府则因没有明确的权责划分而无法有效反馈问题。这种现象的深层原因是上下级政府的权责意识薄弱，上级政府未能履行好自己的责任，推卸责任给下级，而下级政府则处于被动接受责任分配的局面。

（三）痕迹主义

痕迹主义通常出现在问责和考核体系中，在部分地方，基层政府往往在面对上级的责任推卸时成为"接锅者"，因为作为末端责任主体，基层政府没有进一步"甩锅"的空间，只能被动承担上级政府不愿承担的责任，成为"背锅侠"和"兜底者"。问责机制通过对任务结果的判断，并辅以惩罚措施，确保责任的落实，通常采取"谁管理，谁负责"的追责方式。为了应对可能的责任追究，部分基层政府及其工作人员在完成任务时往往特别注意留痕，力求在未来的问责中证明自己没有过错。然而，随着考核主体的增多、考核范围的扩大和频次的增加，部分基层工作人员在工作中更多关注如何留痕，而非实际效果。这种痕迹主义不仅增加了基层政府的工作压力和心理负担，甚至有时忽视了工作的实际成效。其根源在于，政府应始终以服务人民为根本，而这种形式主义的做法正是对这一基本责任的忽视。

二、部分地方政府内部运行出现失衡现象

（一）考核问责泛化、虚化现象

政府管理中的"政治化机制"是压力型体制的关键。当面临重要任务时，上级党政部门常常将任务提升为"政治任务"，以此强化政府责任。任务被细化并分配给下级政府，执行过程中会伴随激励措施如物质奖励和晋升，或通过问责和惩罚手段确保任务顺利完成。

上级政府的考核与问责本应是对下级政府履行职责的常规监督手段，

旨在确保任务的完成。任务"政治化"最初是为了突出重点，帮助下级政府集中精力解决关键问题。然而，如果更多任务被"政治化"并通过"层层加码"和"层层分派"的方式传递给基层，那么基层政府不仅面临的任务越来越多，且每项任务的重要性逐渐增加，从而需要投入更多精力来完成这些关键任务。

为了确保任务顺利完成，在部分地区上级政府除了常规的考核与问责外，还通过增加考核频率、扩大考核范围、细化考核内容等手段加重对基层政府的监督压力。这种"泛化"的考核方式不仅增加了基层的工作量，而且随着现代治理技术的引入，如政务 APP、微信群等，原本应减轻压力的工具，反而要求基层政府时刻关注各类信息、不断回复，甚至上传工作证明和成果。尽管这些考核形式依托现代技术手段，但由于上级政府未能有效运用这些工具进行真正的监管，考核效果常常流于形式，呈现出"虚化"的问题。这些无效或重复的工作不仅增加了基层政府的负担，也削弱了其在实际任务中的精力投入，导致其工作效率下降。

（二）基层政府的"自我加压"现象

有学者认为，压力型体制的分析过于侧重上级政府将任务"层层传递"，以及下级政府"层层负责"的局面，却忽略了部分同级政府间为了晋升机会而主动加码的情况。此外，基层政府为了争取更多的资源和支持，也需要在工作中表现突出，积极争取上级的关注与支持。

在"乡财县管"改革后，乡镇政府的财政资源由县级政府统一调配，这一机制既保护了资源较为薄弱的乡镇政府，也减少了财力运转的风险，有助于精准支持重点任务。然而，改革也限制了乡镇政府的财政自主权，削弱了其承担事权的能力。为了争取更多的资源，部分乡镇政府必须在与同级政府的竞争中脱颖而出，通常通过超额完成任务指标来取得政绩，导致竞争的"内卷化"。此外，乡镇领导干部的晋升标准依赖于政绩，而政绩来源于任务完成的情况。因此，部分乡镇政府的领导者往往会施压给下属，以推动工作进展，这种加压既帮助领导争取晋升，也推动了乡镇争取更多资源，形成了"自愿"的加压机制。

（三）人权、事权、财权分配不均现象

在政府的内部运行中，最为关键的要素是"人""权""财"三者。这三者不仅体现于基层政府与上级政府之间的关系，也广泛存在于基层政府内部各个部门之间，彼此相互作用，构成了政府运作的基础框架。

在"人"的方面，我国地方政府的部门设置遵循"逐级递减"原则，即从上至下，机构数量和规模逐渐减少，资源与权力也随之递减。这导致部分基层政府，特别是乡镇政府，在本已编制较少、资源有限、权力较小的情况下，面临更加严峻的"人少事多"矛盾。随着行政层级的下降，部分基层政府所能获取的资源和权力逐步缩水，这使得乡镇政府在"人""权""财"之间的不匹配问题越发突出，承担的责任和压力也不断加大。

面对繁重事务和编制限制，部分基层政府常通过"编外用人"来缓解人力不足的问题，尽管这一做法在一定程度上弥补了人手缺口，但也带来了诸多矛盾。首先，编内与编外人员之间容易存在矛盾，编内人员往往指使编外人员，且在"同工不同酬"的情况下，这种差异可能激化两者之间的冲突，影响整体协调。其次，工作中容易出现"忙者愈忙，闲者愈闲"的局面，部分晋升无望的工作人员丧失了工作积极性，导致内部任务分配严重失衡，削弱了政府整体的运作效率。最后，这种方式还可能导致基层政府规模膨胀，增加财务负担，使得有限的资源与权力分配更加困难，进一步加剧基层政府的困境。

在"事权"方面，随着治理重心逐渐下移，部分基层政府承接的事务逐渐增多，但上级政府未能相应下放足够的权力，这容易加剧权责之间的不匹配，进一步影响基层政府的执行效率。在财政方面，由于基层政府的

资源有限，特别是在"乡财县管"改革实施后，乡镇政府的资金由上级逐级审批和拨付，这使得上级政府难以准确了解基层实际需求，导致财政资源的分配可能出现不平衡。"人""权""财"是政府运作不可或缺的三大要素，任何一方面的不匹配都会破坏政府内部的运行生态。

三、部分协同治理主体的行动缺位

我国是人民当家作主的国家，人民群众和社会组织理应承担一定的主体责任。然而，一些社会主体往往只是享受政府提供的各项服务，过度依赖政府，遇到问题时将责任推给基层政府，并且在稍有不满时，便大肆批评、扰乱社会秩序。这种态度忽视了人民群众应当作为政治生活的"参与者"和"监督者"，未能意识到自己在政治生活中的主体责任，导致基层政府不得不花费额外时间来应对这些问题。

由于资源与能力的限制，政府无法覆盖社会的每个方面，也无法做到尽善尽美，必须认识到政府并非全能。因此，人民群众和社会组织的力量显得尤为重要。作为国家的主人，人民应主动参与政治生活，关注国家大事，行使自身权利，以服务对象的身份积极反馈问题、提出改进意见，帮助政府完善相关政策和服务流程。同时，人民还需有效监督政府及其工作人员的权力行使，确保权力的规范与有效运作。基层群众自治组织作为人民当家作主的基本政治制度，应当积极发挥其在基层经济、政治、文化和社会生活中的作用，管理公共事务和公益事业，实现自我管理与自我服务。

第三节　基层减负问题产生的原因

在党中央的战略部署下，基层减负政策取得了一定的成效，但随着时间的推移，政策在部分地区的实施过程中逐渐暴露出一些新问题。这些问题并非单一因素所致，而是个人主观行为、组织层面权责设置、激励约束制度以及上级管理层的示范作用等多重因素共同作用的结果。

一、个人主观的行为因素：主动自我加压加码

在部分地区，基层减负效果不如预期，主要原因之一是基层出现了主动自我加压的现象。然而，这种"主动"增负往往是外部压力的结果。若长期放任这种现象，可能会导致基层干部形成一些主观的、固化的甚至是错误的思想观念，从而影响政策的落实和政府效能的提升。

（一）部分基层干部本领恐慌下的主动增负

新时代中国发展日新月异，各种改革试点不断涌现。与此同时，人民群众对政府服务的期待也水涨船高。然而，面对这些新变化、新挑战，一些基层干部坦言"力不从心"。他们经验相对陈旧，专业知识储备不足，难以快速适应新的工作节奏和要求，产生了"本领恐慌"。即使中央出台文件减少了层层发文、开会和督查检查等，给基层减负，但部分干部由于自身能力受限，缺乏解决实际问题的有效方法，仍旧不得不依赖形式主义的"老一套"来应付工作，试图在问责压力下蒙混过关。这种无奈之举，反映出部分基层干部在面对日益专业化、复杂化的工作时，因能力不足而产生的焦虑和困境。

乡村全面振兴是党中央的重大战略部署，明确指出"三农"问题是全党工作的重中之重。这一战略的落地，关键在于基层干部的执行力。要实现产业兴旺、生态宜居、乡风文明、治理有效、生活富裕，基层干部必须具备过硬的领导、决策和组织动员能力。然而，产业和生态振兴往往伴随着不可预知的风险和挑战，一旦出现偏差，一些地方官员容易陷入避责思

维。部分基层干部由于自身能力不足以应对这些复杂局面，担心被问责，为了自保，便主动层层加码，将精力过度投入数据填报和材料"美化"上，以求在纸面上"过关"。这种做法不仅加剧了基层负担，而且导致乡村全面振兴中的实际问题被掩盖，无法得到有效解决。可见，部分基层干部因"本领恐慌"而产生的避责和主动增负，也是导致基层工作负担加重的重要原因。

（二）部分基层干部资源竞争下的主动增负

部分基层单位在落实上级指示时，经常会超出最基本要求，自行提高工作标准和任务量。这种主动加码的做法，虽然能体现更好的工作成果，但实际上加重了基层负担。他们为了展现工作亮点，往往在原有任务基础上额外增加考核指标。

在部分地区，基层治理普遍存在权力、人力、时间和资金短缺的情况，特别是在税费改革和"乡财县管"政策实施后，基层财政能力明显下降。为了争取更多政策和资源支持，部分基层政府需要向上级展现更多的工作成果和绩效信息。在资源分配不均的现实下，示范点和典型点往往比普通地区获得更多的项目和资金，导致资源向已有优势的地区倾斜，形成"强者更强"的局面。同时，"先试点后推广"的方式，也容易使基层政府在争取示范和样板地位时更具动力，一旦成功树立典型，后续资源和项目将不断涌入，推动地方持续发展。此过程中，上级政府的主观评价对基层竞争资源起到关键作用。

基层主动增加工作任务并非单方面的自发行为，而是得到了上级的认可和默许。适度加压不仅展现对上级政策的支持，还能营造良性的竞争环境，有助于推动政策目标的实现。尤其在经济欠发达地区，基层通过加码来缩小差距、争取资源，这是积极主动的体现，也符合上级的期待。然而，如果基层出于不切实际的动机盲目加码，可能导致形式主义盛行，使基层负担进一步加重，适得其反。

（三）基层干部晋升激励下的主动增负

对于有晋升意愿的年轻基层干部而言，主动增加工作任务往往是寻求职位连任和晋升的重要手段。干部的提拔通常由上级决定，而晋升渠道有限，使得部分干部不断寻找方法脱颖而出。随着经济发展，地方政府逐渐弱化 GDP 考核，将考核范围拓展至文化、环保和民生等领域。这种多元化考核避免了单一追求经济增长，但也让基层面临更大的考核难度和复杂性。由于部分新考核标准难以量化，单纯完成任务难以吸引上级注意，基层干部不得不通过创新和总结经验，努力展示亮点，以赢得更高评价和发展机会。

创新一直是推动基层工作进步的关键，也是上级评估基层工作成效和干部晋升的重要标准。然而，近年来一些地区出现了表面化、形式化的伪创新现象，如过度包装、概念炒作等。这种做法不仅没有实质性改进工作，反而加剧了基层干部之间的无谓竞争，增加了工作负担。更严重的是，这种做法使得一些干部忽视了服务群众的根本职责，逐渐与民众疏离。造成这种现象的根本原因在于一些基层干部的政绩观扭曲，背离了踏实肯干的工作态度，只追求表面成绩而不注重实际效果。这种情况亟须引起重视和纠正。

二、权责设置的组织因素：基层权责的不对等

基层政府履行职责的基础在于明确的权力和责任划分。然而，由于基层事务的复杂性，实际工作中权责界限往往难以清晰界定。这种权责不对等的状况容易给基层干部带来了额外的工作压力，也容易削弱旨在减轻基层负担的各项政策效果。具体而言，部分基层政府面临着缺乏行政执法

权、承担责任过重而权力不足、权责范围界定不清等问题。这种权责失衡的局面不仅影响了基层工作的效率，也阻碍了各项政策的有效落实，亟须引起重视并采取措施加以改善。

（一）基层政府无行政执法权

基层乡镇政府并非法定的行政机关，其内设部门亦不具备行政执法权。以土地管理为例，长期以来基层政府有责无权，工作开展受限。随着社会经济发展，群众对政府提升民生福祉的期望日益提高，加之各类社会问题与违法违规行为偶发，均要求政府职能相应拓展，并配备相应的权力。然而，现实中政府应有的执法权却难以落实。例如，面对辖区农田上的违建行为，尽管《基本农田保护条例》规定基层政府负有保护和管理职责，但在违建者拒不拆除的情况下，基层政府并无强制执行权，只能向上级部门申请联合执法。

在一些地区，基层执法部门由县级执法局派出，并不直接受辖区基层政府管理。这导致基层政府在处理如拆除违建等事务时，需耗费精力与执法部门协调行动时间。再如，面对辖区内企业的欠薪问题，群众通常首先向政府求助，但由于缺乏相应的执法手段，基层政府只能通过协调和私人关系尝试解决，成效甚微。尽管群众普遍期望政府能直接解决欠薪问题，但实际上他们往往被引导至法院或劳动仲裁，后者成本高昂且程序复杂，在小城镇乡村尤为常见。而一些基层干部奔波劳碌难以解决的问题，执法人员的介入却往往能迎刃而解。这一现象反映出基层政府职能广泛，但相应的执法权却严重不足。

（二）基层政府权力小责任重

身处行政权力末端的基层政府，权力有限却肩负重责。在我国向第二个百年奋斗目标迈进的征程中，新的发展目标及配套政策措施不断涌现，基层政府的工作负担日益加重。作为党和国家政策的最终执行者，地方各级部门任务的落实者，基层承担着社会治理和地方经济发展的双重重担。对上级而言，基层工作无小事，皆需过问和管理，加之各类重点任务、部门工作和自身职责，基层干部容易陷于多重压力，疲于应付。繁杂的工作内容和严格的责任要求迫使他们成为"全能选手"，深入一线掌握专业知识。然而，许多基层干部深感疲惫，力不从心。同时，由于人力、物力、财力等资源匮乏，部分基层政府在提供公共服务和回应公众诉求方面也显得捉襟见肘。

为人民服务是政府的宗旨，服务型政府的理念也已深入人心。然而，部分群众将其误解为政府应对其诉求有求必应，进而滋生了"等、靠、要"的依赖思想，甚至提出各种不合理的要求。同时，基于属地管理原则，一些本不属于基层政府职责范围内的事项，上级部门也常常不加甄别地直接转交基层办理。当基层政府指出诉求不合理时，有的上级部门却要求其提供法律依据来证明，否则便需勉力办理。而对于明显超出职责范围的诉求，基层政府还需费尽心思给出合理理由方能退回。这些做法无疑加重了基层政府的行政负担和基层干部的工作压力。

（三）基层政府权责边界模糊

我国政府，尤其是基层政府，面临管理范围广泛、事务繁多的挑战，部分职能存在交叉重叠现象。这导致各种会议文件和报表汇报数量激增。在基层工作中，许多任务需要多个职能部门共同参与，如城乡环境整治、征地拆迁和信访维稳等。这些工作通常由一个部门牵头，组织各种协调会和推进会，要求相关单位明确职责并协调配合。然而，由于各部门尚未完全形成服务型政府的思维模式，加上部门间缺乏有效的协调机制，工作中常出现重复劳动和效率低下的问题。这种情况不仅增加了基层政府的工作负担，也影响了政策的有效落实。因此，如何构建高效的部门协作机制，避免资源浪费和提高行政效率，成为当前基层治理亟须解决的问题。

"属地管理"本意是通过调动地方政府的资源和管理能力，尽早发现并处理突发事件，以有效预防冲突并解决问题。然而，在实践中，一些职能部门往往过度依赖"属地管理"，在有利时忽视地方政府，遇到困难时又将责任推给基层，导致职能部门回避应承担的责任。这些部门为了减轻负担，故意模糊自身职责，将基层政府置于执行责任的前线，增加基层的工作压力和考核任务。由于职责不清晰，权力的划分模糊，同级部门之间容易出现责任重叠现象。一旦问题发生，各部门之间便会陷入利益冲突，协同作用不足，从而影响基层减负的实际效果。

三、激励约束的制约因素：基层内生动力不足

我国行政体系中，基层政府位于最末端，主要负责执行上级指令，自主决策的空间很小。上级的激励措施有时忽视基层现实困境，只提要求却不提供必要的财政和技术支持。这导致基层缺乏自主发展的动力，难以构建有效的内部激励和约束体系。

（一）缺乏有效的基层干部激励机制

1. 薪酬激励不足

基层干部处理繁杂事务，付出大量时间和精力，但薪酬却远未与工作量成正比，这在一定程度上打击了他们的工作热情。尽管国家和地方多次调整公务员薪酬标准，但仍未能适应现代社会的快速发展。目前薪酬分配的最大问题在于不同单位和部门间薪酬差距较小，未能体现多劳多得的原则。特别是在绩效奖励方面，奖金没有根据实际表现进行分配，而是按工资基数平均分配，成为普遍加薪。这种方式未能起到有效激励作用，长期

下去可能会削弱优秀干部的工作积极性，引发负面情绪。

2. 晋升激励不足

晋升激励是提升基层干部工作质量和效率的重要手段，但目前我国在这方面仍存在诸多问题。基层干部尽管承担繁重任务，但长期以来职级待遇和发展前景几乎没有提升空间。受制于基层复杂情况和政策落实问题，部分干部的上升"天花板"依然厚重。许多地方乡镇干部认为提拔机会稀少，无论干得好坏都没什么差别，导致工作积极性不高。此外，有些地方晋升程序存在不公开、不透明、论资排辈现象，日常表现和业绩并非主要考量因素。这种情况严重打击了年轻干部扎根基层的信心，导致更多高素质人才逃离乡镇，基层人才流失问题日益突出。

3. 精神激励不足

相较于物质激励，精神激励往往被轻视。基层干部面临上下双重压力，部分领导缺乏精神激励意识，惯用行政命令布置任务，对干部长期加班、超负荷工作及亚健康状态漠不关心，导致职业倦怠和心理问题频发。精神激励手段单一，评优活动沦为形式，领导不重视，干部不关注，收效甚微。尤其在处理环保执法、征地拆迁等敏感工作时，有些基层干部承受巨大舆论压力，却得不到组织的关怀和支持，严重打击了工作积极性。

（二）基层工作考核评价体系不完善

基层干部考核是确保党中央决策部署落实和激励干部积极性的重要手段。然而，目前的考核评价制度还存在一些问题，这些问题削弱了基层干部的工作热情和创新动力。

首先，根据考核评价的时间维度，主要涵盖日常考评与定期考评两大类别。日常考评乃定期考评之基石。在具体实践中，定期考评虽具形式价值，但其实际价值更应凸显。定期考评作为一项不可或缺的固定程序，每年均需严格执行，从而确保其在年终成为具有表彰性质的重要会议。一旦此程序圆满结束，即标志着定期考评的圆满落幕。然而，有些地方考核内容往往未能引起领导层的足够重视，基层干部亦缺乏关注，考评结果往往在考评前已成定局，呈现出一种"你好我好大家好"的和谐局面，导致考核评价的实际效果难以发挥，考评结果亦因此失去其应有的参考价值。与此同时，日常考核的地位亦相对较低，未能得到基层政府的充分重视，主要局限于对工作纪律、出勤率等日常事务的考察。此种状况容易导致过分注重形式而忽视实际工作成效，形成"开会即出成绩，发文即出成绩"的不良倾向，对基层干部的激励作用产生不利影响。

其次，在考核评价的方法上，我国地方政府干部的考核评价标准尚需进一步明确，考评方法亟待加强定量分析的科学性。目前，填表和撰写评语的方式仍被普遍应用于评价基层政府干部的日常工作表现。因此，部分干部在工作中过分追求"留痕"，导致了过度留痕现象，重视"痕迹"而忽视"实绩"，这在一定程度上加重了基层干部的工作负担。

最后，在现行的基层干部考核评价体系中，容易出现主体缺位的问题。主要体现在考核评价过于依赖上级领导和同事的评估，同事间的评估结果往往相似，导致最终的考核评价权掌握在上级政府和领导手中。这种"唯上"型的考核评价方式，容易导致基层干部为了取悦上级主管部门，采取创造"典型"、寻求"亮点"等表面文章，以期获得良好的评价。然而，基层政府直接服务于广大人民群众，基层干部的日常工作直接影响到群众的利益。因此，如果在考核评价中忽略公众的评价，将严重影响评价结果的科学性和公正性。

（三）基层干部容错纠错制度不健全

在问责机制和社会舆论的双重压力下，部分基层干部表现出畏难情绪，对于基层不必要的负担采取选择性忽视的态度，这导致了基层减负工作的困难，以及基层干部工作负担的持续加重。基层干部的容错纠错机制尚不完善，主要体现在容错和纠错机制的自由裁量空间较大。对于容错、免责、减责等相关内容的规定较为宽泛，存在自由裁量空间偏大的倾向，这导致了对容错纠错机制中"错"的界定把握不准确，对"容"的尺度把握不精确。这表明容错纠错制度在具体内容上需要进一步完善。

容错纠错主体制度与配套制度之间存在不平衡，与其权利保护机制衔接不畅。容错纠错的实施主体主要集中在各级党委、组织部门以及相关职能部门单位等体制内部，遵循"谁主管、谁负责"的原则，缺乏第三方评价机构的参与，容易导致片面的结果。尽管容错纠错的实施客体有权申诉，但如果实施的主体和相关部门不予以重视，容错纠错的结果就难以获得客观的评价，从而破坏容错纠错制度的科学性、公正性和公平性。

容错纠错的实施过程中存在一种微妙的平衡：一方面，相关部门必须谨慎操作，确保容错纠错沿着正确的方向进行；另一方面，需避免因过度谨慎而导致应被容错纠错的个人无法及时获得公正对待。这种不平衡若长期存在，容易使周围人产生效仿心理，导致不担当、不作为现象蔓延，最终阻碍改革与发展。

尽管当前基层干部整体的干事创业能力正逐步提升，但不担当、不作为现象仍然存在，实际效果与预期目标存在差距。造成这一现象的原因主要有三个方面：

一是部分基层干部自身动力不足，不敢担当、能力不足或不愿担当的心态，导致了权责脱节和回避责任的不作为倾向。

二是有些地方缺乏积极干事的氛围，容错纠错政策的宣传力度不够，仅在媒体上简略报道，未能形成广泛知晓。

三是中央提出的容错纠错原则较为宏观，各地在具体执行中容易存在较大差异，缺乏细化量化的标准，使得基层干部难以准确理解和产生共鸣，进而对主动担当和创新持观望态度。

四、以上率下的管理因素：政府纵向压力传导

由于基层权力位于我国权力体系的末端，且直接来源于上级，上级对基层拥有绝对的领导权。如果上级运用其领导、指导、命令和奖惩等权力，要求基层在限定时间内以最高标准完成任务；那么基层往往只能被动接受，几乎没有与上级就任务安排和职责进行协商的余地。这种明显的上级导向模式使得部分基层干部在非必要情况下，不敢也不愿去"得罪"上级。

（一）压力层层传导的加码惯性

基层负担沉重、压力巨大的根源在于科层制体系下"一级抓一级，层层抓落实"的管理模式。在这种模式下，压力逐级传递并不断放大，容易导致大量执行任务最终落到基层，从而使得基层的工作负担日益加重。

一是"层层加码"在表面上看似展示了更大的改革力度，能够彰显上级党政部门的立场和决心。压力层层传导本身并不错，它可以鞭策基层干部按时完成工作任务，并带来紧迫感。在必要时，为了保障人民群众的生命安全和财产安全，进行适度加码也是合理的。然而，如果这种做法背后的思想目标不纯，只是为了表现给上级看，且行动不实、力度过重过猛，就会导致原本良好的政策走样，使政策执行变得混乱无序。

二是"层层加码"成了部分上级部门减轻压力和规避责任的一种方式，他们常以"属地管理"的名义，通过签订责任书、下发文件、通报等形式，将本不属于基层乡镇的任务安排下去。责任状原本是上级布置任务、明确责任的依据，但在实际操作中，容易成了上级领导推卸责任的工具，无法商量的责任状下达的任务，基层大多只能接受，分内分外的工作都无法推脱。特别是在纵向政府间权责边界模糊的情况下，部分上级部门更容易将自身职责延伸或细化至基层，导致自上而下的"甩包袱"现象，最终使基

层工作不堪重负。

三是"层层加码"现象导致督查过多过滥，督查原本是为了通过实地查看、走访调研等方式督促基层完成各项工作。然而，在实际中，一些旨在推动基层工作的督查却沦为形式主义，甚至有时出现了督查人员比干实事的人员还多的现象，基层为了应付各种"迎检"而疲于奔命。这种形式大于内容的督查检查，不仅给基层干部带来了沉重的负担，更严重影响了被督查工作的真正落实。

（二）纵向府际关系的难以协同

纵向府际协同是指上下级政府之间的互动，在我国主要表现为上级政府对下级政府的命令与调控。现实中，层级越高的政府通常较少接触地方实际，其制定的政策和分配的任务往往着眼于地区和国家的整体，服务于全局目标，更多地依赖科学的专业知识。而层级越低的政府则更贴近地方实际，倾向于关注地方的具体需求，需要运用地方性的知识和常识，并要求政策和任务更符合当地的实际情况。这种差异容易导致纵向府际之间既存在合作也存在矛盾的关系。

上级政府拥有明显的权力优势，可以对下级政府进行指挥，而下级政府则处于相对弱势的地位，是被指挥和控制的一方。在基层治理过程中，部分上级政府可能存在手段和方式简单化的问题，这种简单化和官僚化的上下级关系容易导致下级政府过度依赖上级的权力和权威，让人误以为权力的行使只对上级负责。正如俗语所说，"上有所好，下必甚焉"，部分基层屡禁不止的形式主义和官僚主义，上级政府也负有一定责任。特别是当上级的政策和任务脱离当地实际，缺乏科学合理的规划时，尽管其目标是造福人民和服务社会，但在实际执行中却缺乏可操作性和针对性，导致政策推行困难重重。

好政策需要基层智慧来落实，但有些地方政策制定常脱离实际。即便有调研，也多是走形式，不够深入，未充分听取基层干部意见。这导致部分政策不符合地方情况，执行困难，基层干部颇有怨言，只能应付。另外，上级调研虽存在，但时间紧、范围小，了解片面，造成有些政策虽对地方有益，却也加重了基层工作负担，实施效果不佳，这些问题亟须改进，否则将影响政策的有效性。政策的制定应充分听取基层声音，开展扎实有效的调研，避免加重基层负担，才能真正发挥政策效用。

由于社会进步和教育的加强，孩子们在成长期大量时间用于学习，致使许多年轻人缺乏基层生活经验。这些缺乏经验的青年成为政府部门的主要招聘对象。如果政策制定者不深入基层调研，很难制定出符合实际情况的政策。因此，现在要求干部在晋升时至少有两年的基层工作经验，以确保政策切实可行，避免增加基层负担。然而，公众往往更信任中央和省级政府，而不信任基层政府。这容易导致基层政府在上级不切实际的要求和民众较低的信任度之间陷入困境，执行任务和落实政策的空间较小，常常只能形式上执行，导致自身压力和负担日益增加。

（三）基层"碎片化"管理模式

随着网络与信息技术的迅猛发展，形式主义和官僚主义问题依然存在，尤其在地方基层政府中，横向部门和纵向层级之间的划分容易形成碎片化的治理模式。这不仅增加了工作人员的负担，也为公众带来了许多不便。

为了实现基层治理现代化，基层政府需要提升行政效率，但过于机械化的部门分工容易导致内部沟通不畅，进一步加剧碎片化的组织结构问题。

一方面，地方基层政府的管理结构通常根据成员的任务和职责划分部门工作。然而，在有些地方，当基层政府领导暂时缺席时，像地方党委纪律检查委员会书记这样的人物会临时负责政府民政部门的工作，甚至该委员会的工作人员也会承担民政部门的任务。这种安排容易导致部门间任务分配模糊、权责不清，进而引发职能重叠和管理混乱等问题。更为严重的是，有些基层政府领导班子在调整时通常会涉及新一轮的部门重组，这严重影响了基层治理思路的连续性和稳定性。

另一方面，在有些地方，基层政府各部门过于侧重自身利益，往往将部门利益置于全局利益之上，忽视了分权治理下应有的"一盘棋"协作模式，这容易导致碎片化的管理结构。在现代社会，随着事务的日益复杂，部门之间的工作越来越相互依赖，职能界限也变得模糊。然而，如果垂直管理之间缺乏有效协调，不仅会引发繁重的"文山会海"，还会导致督查和考核频繁过度，进一步暴露基层治理的碎片化问题。

中国政府管理模式长期以来以"自上而下"为主，中央政府通过管理地方政府实现对基层的间接控制，而基层则受到县区政府和各职能部门的层层影响。在这种模式下，部分基层干部的主要精力被用于完成上级下达的各项任务，导致其难以有效开展本地的治理工作。同时，各项任务往往随着领导分工被层层分解到基层工作人员，这使得本应专注的基层治理工作容易被边缘化，并造成职能的割裂和上下级之间组织协调的碎片化。

此外，区县与乡镇两级政府在职能上存在一定的重合，这容易限制基层政府在治理决策上的自主空间，进而影响其治理效能。与此同时，上级政府常将一些工作任务与责任"转包"给基层，导致基层政府承担了超出其能力范围的行政事务。在应对上级考核时，省、市、县各级又会层层进行督查和指导，而不同层级间给出的意见有时会相互矛盾，让基层难以适从。各级部门出于对自身所辖领域出现问题的担忧，均从自身利益出发对基层进行管理，由此产生的重复性会议、部署和检查工作，极大占用了基层工作人员的时间和精力。

第四章　新时代基层法治

　　随着中国社会经济的持续发展与深刻变革，基层治理能力显著提升，法治化建设取得重要进展。基层行政机关依法行政水平不断提高，以人为本的工作理念深入人心，治理方式从依赖行政命令转向注重规则与法治，基层群众的守法意识和依法维权能力也显著增强。然而，随着经济社会发展进入新阶段，群众对城乡融合、区域协调、共同富裕的期待日益强烈，对法治化的要求也更为迫切。同时，社会结构和利益格局的深度调整进入关键期，新业态、新就业群体的涌现带来了新的社会矛盾和法治需求，既有法律监管存在空白，亟须进一步完善法治体系，以应对新形势下的治理挑战。对此，党的十八届四中全会指出，"全面推进依法治国，基础在基层，工作重点在基层"[①]，在新时代的背景下，推动基层治理法治化成为中国法治改革的关键任务。如何在转型过程中通过法治手段解决各种矛盾，确保公平正义的实现，既是党和政府需要解决的理论问题，也是基层组织和干部面临的实际挑战。因此，深入理解新时代基层法治的内涵和实践特征具有重要意义。

---

① 《中共中央关于全面推进依法治国若干重大问题的决定》，人民出版社 2014 年版，第 36 页。

第一节　基层治理法治化的理论、历史与现实需求

要妥善回答"为什么推进基层治理法治化"这一问题，必须从根源上进行深入探讨。首先，需要从人类文明的发展历程中理解现代文明国家为何形成并重视"法治"这一概念。其次，必须在中国特定的历史文化背景和政治制度框架下，探讨城乡基层社会为何需要践行"法治"。

一、法治是现代治理转型的必然要求

在东西方众多哲学家的智慧结晶中，关于国家治理和社会秩序维护的理论层出不穷，其中不乏诸多富有启迪意义的思想精华。自古以来，便有"法治"优于"人治"的先进理念，为国家治理提供了重要的思想指导。例如，古希腊哲学家亚里士多德在其《政治学》中指出，"法律（和礼俗）就是某种秩序，普遍良好的秩序基于普遍遵守法律（和礼俗）的习惯"[①]，并深刻阐述了"法治政府优于人治政府"的观点。我国古代圣贤亦曾提出诸多依法治国的深邃思想，例如，管子将"法"视为治国之准绳和衡量社会的客观标准。慎到则认为，"官不私亲，法不遗爱，上下无事，唯法所在"[②]。可见，先贤早已意识到法律对于国家治理和社会秩序形成的重要性。

法治作为一种现代社会治理的重要理念，其根源可追溯至西方社会及其民主政治实践。西方理论界普遍认为，法律是维护社会秩序的关键，唯有切实推行法治，方能保障社会稳定和良好运行。与此同时，中国学术界结合自身国情，对法治，尤其是法治政府建设，进行了富有中国特色的理论阐释和深入研究，如肖北庚把法治政府定义为"有限政府、诚信政府和

---

① 亚里士多德：《政治学》，商务印书馆 2008 年版，第 171 页。
② 许富宏：《慎子集校集注》，中华书局 2013 年版，第 56 页。

责任政府"[1]；随后，曹康泰对法治政府的概念进行了更为精准的阐释，明确指出，法治政府是指那些恪守法治原则，将自身权力严格限制在法律框架之内的政府机构；[2] 刘云甫指出，法治政府应当是以人为本、尊重和保障人权的政府，必须坚持依法行政。[3] 法治是衡量社会文明程度的重要标志，也是现代国家治理的基石。作为现代文明国家，中国坚定不移地推进全面依法治国，这不仅顺应了时代发展的潮流，也是实现国家长治久安的必然路径。

二、基层法治是法治中国的基础构成

国家治理体系的稳固与高效，离不开坚实的基层治理。基层治理作为国家治理的基石，直接关系国家治理能力的提升和国家治理现代化的实现。推动基层治理的法治化进程，不仅是建设法治国家的必然要求，更是提升国家治理效能，维护社会和谐稳定的关键环节。只有健全基层治理的法治框架，才能更好地维护社会公平正义，提升人民群众的获得感、幸福感和安全感，最终实现国家治理体系和治理能力现代化。

2021 年 1 月，中共中央印发了《法治中国建设规划（2020—2025 年）》，明确指出要"坚定不移走中国特色社会主义法治道路，奋力建设良法善治的法治中国"，法治中国建设的远景目标是"到 2035 年，法治国家、法治政府、法治社会基本建成，中国特色社会主义法治体系基本形成，人民平等参与、平等发展权利得到充分保障，国家治理体系和治理能力现代化基本实现"。[4] 党的二十大再次明确，要坚定不移地走依法治国的道路，以

---

① 肖北庚：《法治政府之理论解读》，《湖南师范大学社会科学学报》2005 年第 2 期。
② 曹康泰：《中国法治政府建设的理论与实践》，《国家行政学院学报》2006 年第 4 期。
③ 刘云甫：《论法治政府的科学内涵》，《党政干部论坛》2008 年第 1 期。
④ 《中共中央印发〈法治中国建设规划（2020—2025 年）〉》，《人民日报》2021 年 1 月 11 日。

此推动国家治理体系和治理能力现代化。从完善法律制度、规范政府行为、确保司法公正到培育全民守法意识等方面提出了明确的行动纲领。这充分表明，法治在中国当前的发展中占据着举足轻重的地位，被视为国家治理的根本途径和现代化水平的重要体现。然而，宏伟蓝图的实现，离不开每一个细微之处的落实。因此，在社会的最基层推动法治建设，就成为整个国家法治建设事业的根基和关键所在，也是"依法治国"这一国家战略能否在基层社会真正生根发芽、开花结果的试金石。

在构建法治中国的过程中，基层成为法治的关键支撑点。基层政府、基层干部和各级群众，共同构成了法治实践的核心力量。尽管中央通过制定和完善法律法规为法治建设奠定了基础，但法治理念的落地和效果主要体现在基层。然而，基层法治建设面临诸多挑战，特别是地区和城乡发展不均衡，部分地区居民文化水平低、法治意识淡薄、法治实践力度不足，导致法治资源匮乏。同时，基层是社会矛盾的集聚地，推进基层治理的法治化既是任务又是挑战。因此，提升基层法治意识，培育法治精神，充实并深化法治教育，进而促进基层治理的法治化水平提升，是实现全面依法治国的重要途径和紧迫任务。

三、基层法治是历史发展的必然选择

中国历史悠久，法律体系也相对完善，但长期以来，法律更多地停留在制度层面，未能真正融入基层社会生活。在传统社会中，乡民更倾向于依靠"情""礼"解决矛盾，法律的作用有限。

中华人民共和国成立后，国家权力开始深入基层，法律也随之下沉，试图用法律手段重塑治理权威。然而，这一过程并非一帆风顺。现代法律体系与传统礼俗之间存在着冲突，导致法律下乡的效果不尽如人意。一方面，法律的普及和执行力度不足，未能有效解决基层矛盾；另一方面，法律的强势介入也破坏了原有的社会秩序，引发了一些新的问题。

进入 21 世纪，乡村社会发生了深刻变革，传统的宗族、乡村精英等内生权威逐渐式微，难以继续维系乡村秩序。随着国家治理体系和治理能力现代化的深入，法律逐渐成为乡村社会治理的核心力量，推动社会和谐并保障新农村建设的顺利进行。在这一背景下，农民因现实需求主动寻求法律支持，以维护自身权益，形成了"迎法下乡"的现象。与政府主导的"送法下乡"不同，"迎法下乡"是乡村社会基于自身需求，主动将法律引入村庄，用以填补传统权威缺失后的秩序空白，体现了一种自下而上的"法律下乡"模式。

四、基层法治是改革发展的现实所需

全球正经历着前所未有的深刻变革，中国亦步入高质量发展的新时代。尽管我国制度体系不断完善、发展潜力巨大、社会整体稳定，但结构性、体制性、周期性矛盾相互叠加，社会结构与利益格局正在发生深刻变化。尤其在基层，社会转型引发了一系列社会矛盾，诸如土地征收与拆迁补偿等发展中的利益分配问题，以及"外嫁女""外来户"的土地权益等牵涉法律与传统习俗冲突的议题。面对这些挑战与风险，唯有不断完善制度建设，才能有效化解基层矛盾，维护社会和谐稳定。

2021 年 2 月，中央全面深化改革委员会第十八次会议审议通过的《关于加强诉源治理推动矛盾纠纷源头化解的意见》强调，"法治建设既要抓末端、治已病，更要抓前端、治未病。要坚持和发展新时代'枫桥经验'，把非诉讼纠纷解决机制挺在前面，推动更多法治力量向引导和疏导端用力，加强矛盾纠纷源头预防、前端化解、关口把控，完善预防性法律制度，从源头上减少诉讼增量"。正如习近平总书记所强调的

那样，要推进法治社会建设，依法防范风险、化解矛盾、维护权益，加快形成共建共治共享的现代基层社会治理新格局，建设社会主义法治文化。[①]

在自媒体蓬勃发展的今天，社交平台已成为社会热点事件的"扩音器"和"发酵池"。人们不仅能即时了解全球资讯，还能通过朋友圈等渠道发布和传播信息，迅速将热点推升为舆情。微信、微博等新媒体平台使得舆论场更加多元、复杂，负面信息传播更具情境性和不确定性。政府的管理方式与民众诉求、舆情回应速度与舆论"首因效应"、依法履职与公众信任之间存在的落差，往往会加剧舆情的负面发展。随着我国经济持续发展、民众生活水平提升以及民主法治意识的觉醒，运用法律武器维护自身权益已成大势所趋。因此，将基层治理纳入法治化轨道，不仅是时代发展的要求，更是广大人民群众的迫切需求。

第二节　新时代基层法治的含义与实践成果

中华人民共和国成立以来，中国法治建设取得了显著的进步。从初期的"过渡时期法制"到改革开放后的社会主义法治，再到党的十八大之前的"中国特色社会主义法治"，以及党的十八大之后的"新时代中国特色社会主义法治"，中国法治建设经历了四个阶段的发展。当前，中国正处于"新时代中国特色社会主义法治"阶段，这一阶段的法治建设强调依法治国、依法执政、依法行政，旨在建立一个更加公正、公平和高效的法治体系。

基层法治是新时代中国特色社会主义法治建设的重要组成部分。它需

---

① 《习近平主持召开中央全面依法治国委员会第一次会议强调　加强党对全面依法治国的集中统一领导　更好发挥法治固根本稳预期利长远的保障作用》，《人民日报》2018年8月25日。

要结合新时代中国特色社会主义法治的总体精神和基层实践来理解和把握。

一、新时代基层法治的主要内涵

（一）坚持党的领导是基层法治的保证

党的十八届四中全会通过的《中共中央关于全面推进依法治国若干重大问题的决定》指出，要"发挥基层党组织在全面推进依法治国中的战斗堡垒作用，增强基层干部法治观念、法治为民的意识，提高依法办事能力"，"推进基层治理法治化……发挥基层党组织在全面推进依法治国中的战斗堡垒作用，建立重心下移、力量下沉的法治工作机制"。中国共产党精心绘制了基层治理法治化的宏伟蓝图，并为推进基层治理法治建设明确指出了前进方向。

中国共产党的领导，既是中国特色社会主义最本质的特征，也是社会主义法治最根本的保障。历史反复证明，党是推动各项事业蓬勃发展的核心力量。在推进基层治理法治化的进程中，同样必须坚持党的领导，充分发挥基层党组织的战斗堡垒作用。基层党组织不仅肩负着贯彻落实习近平法治思想的重任，更是党在基层转变执政理念、提升执政能力的关键执行者。凭借其理论优势、组织优势以及与群众紧密联系的优势，基层党组织和广大党员已成为推动基层治理的中流砥柱。因此，要确保基层治理法治化落地生根，就必须坚定不移地加强基层党组织建设，牢牢把握依法治国的总方向，将党的领导全面融入基层治理的各个环节。中央全面依法治国委员会印发的《关于加强法治乡村建设的意见》明确提出，"坚持和加强党对法治乡村建设的领导，坚持农村基层党组织领导地位，加强农村基层党组织建设，充分发挥农村基层党组织的战斗堡垒作用和党员先锋模范作用，确保法治乡村建设始终沿着正确方向发展"。

（二）基层法治即基层事务全部纳入法治化轨道

党的十八届四中全会通过的《中共中央关于全面推进依法治国若干重大问题的决定》（以下简称《决定》）是中国法治建设史上的一个重要里程碑。它标志着党治国理政理念的全面转型，从传统的行政治理向法治治理转变。《决定》强调了推进基层治理法治化的重要性，指出"基础在基层，工作重点在基层"。这意味着党的法治实践开始从宏观层面转向微观层面，从理论层面转向实践层面。

推进基层治理法治化是把法治思维和法治方式贯彻到基层治理中的一个重要步骤。它要求基层政府和基层组织按照法治原则和程序进行决策和执法，确保基层治理的合法性和有效性。这一转型体现了党的法治实践的深化和实质化，旨在建立一个更加公正、公平和高效的法治体系。同时，也体现了执政党法治实践"由虚渐实、由浅入深、从一部而至全局的轨迹"，即从理论层面逐步转向实践层面，从局部逐步转向全局。

要让基层治理真正实现现代化，就必须坚定不移地走法治化道路。这意味着在党的领导下，基层大大小小的事情都得依法依规办，无论是经济发展、文化活动，还是百姓的日常生活，都要有法律这把尺子来衡量。要让法律成为基层治理的"标准答案"，所有能够、需要法律规范的事情，都必须纳入法治轨道。这不仅需要制度的完善，还需要一支懂法、守法、为民的基层队伍，更需要把资源向基层倾斜，让法治工作真正扎根基层。只有这样，才能让法治成为一种信仰，形成一个让每个人都相信法律、遵守法律的社会环境，最终实现基层治理的良性发展和人民群众的安居乐业。

（三）规范和约束公权力之运行是基层法治的重点

法治的根本在于维护宪法和法律的至高无上地位，这意味着所有组织和个人都必须在法律框架内行事，没有任何特权可以凌驾于法律之上。在基层治理中，法治的核心任务是确保权力受到有效约束，防止任何形式的以言代法、以权压法或徇私枉法的行为。尽管基层治理强调多方主体共同参与，但政府仍然是主要的权力执行者，基层官员作为政府代表，拥有一定的自由裁量权。然而，这种权力如果缺乏有效监管，可能会因为个人利益驱动而被滥用，导致"微腐败"等现象的发生。因此，基层治理法治化的关键在于如何通过制度设计，将权力置于透明和规范的轨道上。具体措施包括：明确基层政府的权力边界，建立权力清单；通过程序正义确保权力行使的公正性；加强信息公开，接受社会监督；并对基层政府的规范性文件进行合法性审查，确保其符合法律法规的要求。这些措施有助于防范权力滥用，提升基层治理的法治水平。

（四）保障人民根本权利是基层法治的出发点和落脚点

从维护个体自然权利的角度出发，国家承担着保障公民权利的职责。在现代民主体制中，法治成为最基础、最常见的权利保护手段。习近平法治思想提出了"坚持以人民为中心"的理念，进而揭示了我国法治实践所服务的主体以及所依托的根本力量。"推进全面依法治国，必须坚持以人民为中心，切实尊重和保障人权，依法保障全体公民享有广泛的权利，保障公民的人身权、财产权、基本政治权利等各项权利不受侵犯，保证公民的经济、文化、社会等各方面权利得到落实，始终维护最广大人民根本利益，保障人民群众对美好生活的向往和追求。"2014年，《中共中央关于全面推进依法治国若干重大问题的决定》强调，"以保障人民根本权益为出发点和落脚点，保证人民依法享有广泛的权利和自由、承担应尽的义务，维护社会公平正义，促进共同富裕"，并"必须使人民认识到法律既是保障自身权利的有力武器，也是必须遵守的行为规范"。

《中华人民共和国民法典》的颁布确立了我国民事权利体系，清晰界定了权利的范围和效力，为保护公民合法权益提供了坚实法律保障，充分彰显了权利至上的法律精神。这种精神与依法行政的核心理念高度一致，都强调对权利的尊重和保护。因此，在推进基层治理法治化的进程中，有效落实《中华人民共和国民法典》，保障人民各项民事权利，是不可或缺的关键一环。

二、基层法治实践取得显著成效

自改革开放以来，尤其是党的十八大以来，中国在基层治理法治化方面取得了显著成就。经过多年的持续努力，中国成功跻身全球最安全国家之列，创造了社会长期稳定的奇迹。如今，基层治理已经全面迈向制度化和法治化的轨道，为社会和谐与长治久安提供了有力保障。

（一）相对完备的法律规范体系让基层治理有法可依

有法可依是实现基层治理法治化的必要前提。中华人民共和国成立以来，始终高度重视法律体系的构建与完善。新中国成立初期，面对建立新型社会主义法律秩序的迫切任务，1956 年党的八大《关于政治报告的决议》明确提出，必须根据实际需求逐步建立完备的法律体系。这一时期，中国进行了大规模的法律创制工作，为社会主义法治奠定了初步基础。

进入改革开放的新阶段后，为适应从计划经济体制向社会主义市场经济体制的历史性转变，中国的法律建设也实现了从政策主导型法律秩序向现代法理型秩序的转型。党的十五大正式确立了依法治国的基本方略；1999 年，依法治国、建设社会主义法治国家被明确写入《中华人民共和国宪法》，依法执政成为中国共产党治国理政的基本方式。至 2011 年，立足中国国情与实际的中国特色社会主义法律体系如期建成，为中国的法治进程提供了坚实的制度保障。

自党的十八大以来，党中央将依法治国视为国家长治久安的重要战略，从顶层设计到具体实施，全面推动法治建设。这一时期，中国颁布了多部关键法律，如《中华人民共和国反间谍法》《中华人民共和国国家安全法》《中华人民共和国反恐怖主义法》《中华人民共和国网络安全法》和《中华人民共和国民法典》等，截至 2021 年底，中国现行有效的法律已达 291 部，行政法规和监察法规 611 部，地方性法规超过 1.2 万部，基本构建了一个完整的法律体系。

在基层治理方面，中国也不断修订和完善相关法律和政策。2018 年，《中华人民共和国村民委员会组织法》进行了修订，同年十三届全国人大常委会通过了修改《城市居民委员会组织法》的决定。2021 年，民政部发布了《城市社区居民委员会组织法（修订草案征求意见稿）》，这些修订进一步明确了村（居）委会的法律地位，为城乡社区治理的法治化提供了有力支持。此外，2018 年出台的《社会组织登记管理条例（草案征求意见稿）》也对社会组织参与社会治理进行了规范。

通过这些相对完善的法律法规体系建设，中国确保了基层治理有法可依、有规可循，为推进基层治理的法治化提供了坚实的制度保障。

（二）依法治理已成为基层治理各参与者的基本共识

党的十八大以来，我国基层治理日益走向法治化，这不仅体现在法律法规的不断完善，更重要的是全社会对依法办事的认同感显著增强。从基层党政机关到村居委会，再到普通民众，学法、懂法、用法的意识和能力都有了明显提高。国家通过实施"七五"普法规划等一系列举措，广泛开展法治宣传，创新普法形式，例如建设各类法治宣传阵地、利用新媒体平台以及开展"法律进社区""法律进企业"等活动，重点普及与百姓生活和基层管理密切相关的法律知识。这些努力使得尊法守法、遇事找法、解决问题靠法逐渐成为社会共识，尤其在处理社区矛盾、劳资纠纷、医疗争议等问题时，人们越来越倾向于选择法律途径，依靠法治手段来维护自身权益。

近年来，中国在推进全面依法治国方面取得了显著成效。2016 年发布的《党政主要负责人履行推进法治建设第一责任人职责规定》明确要求党员干部带头尊法学法守法用法，特别强调了"关键少数"的重要作用。随着这一规定的实施，领导干部在基层治理中越来越多地运用法治思维和法治手段，有效解决了许多复杂问题。如今，无论是政府官员还是普通民众，法治意识都在不断增强，"遇事讲法、遇事找法"已经成为广泛的社会共识。

（三）健全的行政执法工作体系助推基层文明公正执法

法规制度的关键在于执行，基层执法的规范化和公正执行直接影响社会治理的成效。党的十八大以来，中国在推进依法行政方面进行了深入改革，特别是在综合行政执法体制上进行了系统创新。从重点领域综合执法到基层执法权限下沉，各项改革措施逐步落地，执法行为逐渐实现规范化和法治化。例如，通过推行权力清单制度，基层政府的权力运行更加透明，权力滥用的空间被大大压缩。此外，行政执法全过程记录等制度的实施，进一步保障了执法的公正性和程序正当性。随着改革的推进，基层政府在社会治理中逐步实现"职责法定、权力受控"，有力推动了法治政府建设和基层治理能力现代化。

（四）公正司法、公共法律服务全覆盖让基层实现"看得见的正义"

为保障司法公正与社会公平正义，中国持续深化司法体制改革，出台了防止司法干预的"三个规定"①，严格规范领导干部、司法人员及其他相

---

① "三个规定"是指：2015 年 3 月，中共中央办公厅、国务院办公厅下发的《领导干部干预司法活动、插手具体案件处理的记录、通报和责任追究规定》；2015 年 3 月，中央政法委下发的《司法机关内部人员过问案件的记录和责任追究规定》；2015 年 9 月，最高人民法院、最高人民检察院、公安部、国家安全部、司法部联合下发的《关于进一步规范司法人员与当事人、律师、特殊关系人、中介组织接触交往行为的若干规定》。

关人员干预案件的行为。此外，通过依法纠正冤错案件，司法公信力逐步提升，群众对司法公平正义的信心不断增强。近年来，司法服务水平显著提高，"看得见的正义"逐渐成为现实，让人民群众切实感受到司法的公正与权利的保障。

　　为有效化解基层矛盾纠纷，各地积极整合资源力量，健全非诉讼纠纷解决机制，搭建便捷高效的矛盾化解平台，努力将矛盾和风险化解在萌芽状态，防止矛盾上行，力争做到"小事不出村、大事不出镇，矛盾不上交"，维护基层和谐稳定，提升群众的安全感和满意度。①

　　党的十八大以来，中国在公共法律服务体系建设方面取得了显著进展，尤其是在提升基层治理法治化水平方面成效斐然。2019 年发布的《关于加快推进公共法律服务体系建设的意见》以及《法治中国建设规划（2020—2025 年）》明确提出，到 2022 年要基本建成覆盖城乡、便捷高效、均等普惠的现代公共法律服务体系。这一目标的提出，标志着中国在推动公共法律服务向基层延伸方面迈出了重要一步。

　　各地积极响应政策号召，通过建立"村（居）法律顾问"工作机制，确保每个村和社区都有专业的法律顾问提供法律支持。同时，创新运用"互联网＋"技术，如在线法律咨询平台、移动应用程序等，真正实现了法律服务的"送法下基层"。居民和村民无需出门，即可享受到便捷、高效的法律服务，特别是在重点村居，法律顾问提供的"精准式"服务更是解决了许多实际问题。

　　这种深入基层的公共法律服务模式，不仅从源头上预防和化解了大量基层矛盾纠纷，还有效推进了基层社会治理法治化进程。通过提供及时、专业的法律支持，人民群众在化解矛盾纠纷、维护自身权益等方面的需求得到了更好的满足。

---

① 《严格公正司法助推中国之治（法治中国）》，《人民日报》2021 年 3 月 9 日。

三、新时代基层法治面临的挑战

虽然中国基层治理法治化已取得长足进步，但与全面依法治国的目标相比，仍存在一些不足与挑战。基层治理过程中，事务繁杂多样、法治资源相对匮乏，加之部分治理主体法治意识不够强，导致一些治理行为未能完全遵循法治原则。

（一）基层社会特性客观上制约基层治理法治化进程

要理解中国的基层法治，既要追溯传统文化中的治理基础，也要关注现代法治目标的实现路径。中国传统基层治理以宗法伦理和礼俗秩序为基础，"礼"作为社会公认的行为规范维系着基层秩序的运行。然而，近代以来，随着国家政权建设的展开，国家行政力量逐渐深入基层，传统礼俗秩序与宗法伦理逐渐弱化，但其影响力依然存在。当前，城乡基层社会仍保留着前现代的人际关系特征，同时面临治理资源匮乏、事务复杂且不规则、难以完全纳入科层体系等问题，如何平衡传统秩序与现代法治，成为基层治理的重要课题。

基层社会，特别是农村地区，由于人际关系网络与生产生活交织，人情办事和非正式治理现象较为普遍。基层事务的不规则性以及难以完全纳入科层体系的特点，使得基层干部在制度约束下，常通过非正式资源和关系，以"说服"等方式达成治理目标。这种非正式治理在一定程度上有助于解决实际问题，但与法治化治理之间存在冲突，且不可持续。从长远来看，推进基层治理法治化，关键在于增强公众的法治意识，构建符合基层实际的制度体系，完善正式规则和程序，减少非正式治理的依赖，推动基层治理向制度化、规范化迈进。

（二）法治资源供给不足客观上阻碍基层法治化进程

当前中国的法律服务资源不足及不均衡分配是法治建设面临的首要问题。这种不均衡不仅体现在不同地区的经济发展水平差异上，还反映在各地法律制度安排的不一致性中。政府是主要的公共法律服务提供者，但缺乏有效的保障措施，尤其在农村地区，经济滞后和交通不便导致法律人才短缺、律师激励不足和公共法律服务智能化水平低下。

此外，一些领域在法律体系中尚未得到充分规定，导致基层治理的法律依据不足，例如城中村的治理难题，这些区域往往因为治理成本高和体制复杂而难以纳入现代城市治理体系。此外，新兴领域如互联网隐私保护和数字平台下的劳动关系也无有效的法律规范。

基层执法力量的薄弱和执法人员不足也是制约法治进步的重要因素。新时代背景下，政府必须在法治框架内加强公共法律服务，完善制度保障，提高基层治理的法治化水平。这不仅是完善法治体系的要求，也是提高国家治理能力的必要条件。政府需关注并解决这些法治空白区，强化基层执法队伍建设，确保法律服务的均等化和有效性，以满足公众日益增长的法治需求。

（三）少数"利益式执法""一刀切式执法"现象破坏基层法治

在基层治理实践中，虽然法律对各治理主体的权力关系有宏观规定，但缺乏具体可操作的制度细则，这给基层治理带来了诸多挑战。特别是在执法领域，政府部门之间职能重叠、权责划分不清，加上条块分割的管理体制，导致多头执法现象普遍存在。这种情况下，往往出现多个部门都有执法权但互相推诿的尴尬局面。

尽管近年来通过综合执法改革取得了一定进展，但基层治理中的深层次问题仍未得到根本解决。以一些乡镇政府为例，存在"责任大、权力小"

的困境。一方面要承担属地管理责任，另一方面却缺乏相应的执法权限，这使得一些基层政府陷入"有责无权"的两难境地。

更值得关注的是，在实际执法过程中还存在执法标准不统一的问题。有些地方为了经济利益而放松执法标准，有些则采取"一刀切"的简单化处理方式。这些不规范的执法行为不仅损害了法治权威，也影响了基层治理的效果。

（四）少数参与基层治理的主体法治意识缺位导致基层法治化受损

在基层治理实践中，"信访不信法"现象仍然存在，这反映出法治建设与群众期待之间存在一定差距。一些群众习惯通过上访途径解决问题，甚至出现"谋利型上访"，这不仅加重了行政负担，也不利于法治社会的建设。更为关键的是，部分基层公职人员的法治意识和执法能力亟待提升。面对食品安全、环境保护、土地征收等复杂问题时，他们往往倾向于采用传统的"人情办法"，而不是严格依法办事。这种"以情代法"的做法，不仅无法从根本上解决问题，反而可能激化社会矛盾。

同时，基层群众的法治观念也需要进一步培养。当前，许多人过度依赖诉讼途径解决纠纷，导致行政诉讼和信访案件增多。这种现象表明，我们需要加强法治教育，引导群众理性运用法律手段维护自身权益。

另外，一些基层政府仍然习惯于通过下发行政文件来管理社会事务，而不是建立健全规范的法治体系。这种行政主导的治理方式，也与现代法治理念存在明显差距。

第三节　推动新时代基层治理法治化的途径

基层治理是国家治理的基础，基层政府在连接国家与人民、执行政策和管理地方事务中发挥着关键作用。然而，由于干部群众法治意识薄弱、利益纠纷以及不合理的科层制度等问题，基层政府在治理过程中常出现违背法治精神的行为，这对国家整体的法治建设产生了直接影响。基层不仅是一个地理空间，更是一个复杂的历史、价值和利益冲突的综合体，其治理状况直接关系法治政府乃至法治国家的建设进度。

在现代化转型过程中，基层治理实践中逐渐形成了依法行政与实效治理并行的"双轨制"模式，但这种并行有时存在矛盾，基层为了治理的有效性常常忽视合法性。新发展阶段，如何在保障治理效果的同时保证合法性，是基层治理法治化面临的核心难题。为此，2021年4月28日发布的《中共中央　国务院关于加强基层治理体系和治理能力现代化建设的意见》提出了多项措施，如提高基层干部法治素养、完善法律服务体系等。推动基层治理法治化是一个涉及立法、执法、司法和守法的系统工程，必须以法律至上、依法行政和全民守法为重要指导原则。

一、厚植法治文化土壤

要构建一个坚实的法治社会，必须让法律深入人心，成为全民的共识和行动准则。尽管中国已经建立了相对完善的法律体系，实现了"有法可依"，但在城乡基层治理中，法治化的进程和法律的实际效力仍需进一步提升。要实现这一目标，关键在于培养全民对法律的信仰，而这离不开全面而深入的普法工作。

普法工作应精准对接群众的关切，从日常生活入手，用通俗易懂的语言解读法律，特别是要注重青少年的法治教育，在他们心中播下法治的种子。普法不仅仅是对法律条文的简单解释，更需要在法治实践的全过程中与公众保持积极互动。每一个公正的个案，都是法律权威的有力证明。

此外，基层干部作为法治建设的中坚力量，其法治观念和法治为民意识的培养尤为重要。必须建立健全基层干部学法用法的制度，持续提升他们的法治素养，使他们成为法治建设的积极推动者和实践者。

二、完善依法行政体制

基层治理的成效直接体现在行政执法的水平上，它直接关乎政府在老百姓心中的形象。要提升基层执政能力，必须着力规范和加强基层行政执法工作。改革的关键在于双管齐下：首先，要完善制度体系，为基层执法提供充分的法律依据和操作指南，同时要将执法权限和资源向基层倾斜，增强基层的执法力量。其次，要建立健全监督机制，强化对行政执法的监督和制约，确保执法过程的公平公正，并严格落实行政执法责任追究制度，对违法违规行为零容忍。只有通过制度保障和有效监督双重发力，才能真正提升基层行政执法水平，实现基层治理的现代化。

提升基层治理能力的关键在于"放权"与"规范"并重。一方面，要根据实际情况，合理地将部分执法权下放给镇街，赋予基层政府更大的自主性和灵活性，使其能够更好地应对基层复杂的社会问题。另一方面，要加强制度建设，通过建立标准化的权力清单制度，公开执法信息，规范执法行为，确保基层执法在阳光下运行，从而有效提升基层治理的整体效能。

三、夯实基层法治资源

要让公平正义的阳光照耀到每一位群众，就必须扎牢基层法治的根基。当前仍需重视并解决基层法治资源相对薄弱、分布不均的问题，切实推动法治建设重心下移，力量下沉。这意味着要加大对基层的投入，将更多的人力、物力、财力资源倾斜到基层一线，例如在控制编制总量的基础上，增加基层法治队伍的力量，并大力提升基层公共法律服务的供给能力，通过建设标准化的服务平台，让群众在家门口就能享受到便捷高效的法律服务。此外，维护社会公平正义的关键还在于坚守司法公正的底线。必须不断改进司法工作方式，优化司法权力配置，规范司法行为，并以更大的力度推进司法公开，以此回应人民群众对公平正义的期盼。要确保司法机关依法独立公正地行使职权，不受任何形式的干预，这是保障公平正义的制度基石。

第五章　基层治理法治化的实践路径
与减负机制构建

　　基层治理法治化是推进国家治理体系和治理能力现代化的重要组成部分，也是减轻基层负担、提升基层治理效能的关键保障。法治能够通过明确权责、规范流程、减少随意性来有效缓解基层干部的事务性负担，从而将更多精力聚焦于服务群众、解决实际问题。本章结合基层减负的实际需求，从"如何认识基层治理法治化"入手，探讨法治在减负中的重要作用，围绕制度建设、法治文化培育、监督体系完善以及年轻干部法治思维提升等方面提出具体路径，为构建基层减负的法治长效机制提供理论与实践支撑。

第一节　基层治理法治化与减负的关系

　　基层治理法治化是推动基层减负的重要途径。通过将法治原则和精神融入治理流程，可以从制度上根治事务性负担过重的问题，为基层干部释放更多精力，用于满足群众需求和提升治理效能。

一、基层治理法治化的内涵

基层治理法治化是指以法律为基础，将法治原则和精神全面贯穿基层治理的规划、执行、监督和评估全过程。这一理念的核心是通过依法规范权力运行和治理行为，确保基层治理的合法性、科学性和效率性，从而有效提升治理效能，优化治理体系。其主要表现包括：

（一）依法明确职责

在基层治理中，通过法律法规明确职责范围，使各主体在职责划分上权责清晰，避免责任推诿或重复履职。

一是县级政府负责统筹规划和政策指导，乡镇政府负责具体执行与属地管理。

二是对职责交叉领域制定详细的操作细则，通过法律文件确保职责边界明晰，防止职能重叠导致资源浪费或执行效率低下。

（二）依法化解矛盾

法治化要求基层以法律为依据处理民事纠纷和社会矛盾，将矛盾纠纷化解置于法治框架下：

一是避免行政人员在治理中采用随意性或情绪化手段，减少因治理失当引发的矛盾激化。

二是通过普及法律知识，提高群众的法律意识，增强其依法解决问题的能力，减轻基层治理压力。

（三）依法提升效率

通过法治化手段设计制度化、规范化的治理流程，避免因重复劳动和资源浪费而拖累治理效能。

一是建立一站式服务大厅，简化行政审批和服务流程。

二是通过数字化手段加强信息公开和事务处理透明度，提升行政效率。

二、基层减负的现实需求

近年来，一些地区基层治理负担过重的问题日益凸显，严重影响了治理效能和干部队伍的工作积极性。这种负担主要体现在以下几个方面。

（一）"文山会海"的问题

过多的会议和文件使基层干部疲于应付，无法集中精力开展实际治理工作：

一是上级部门频繁发文、开会，部分内容重复或形式主义严重。

二是某些会议以考核名义召开，但未能有效解决实际问题。

（二）重复检查和考核的困扰

多头、频繁的督查和考核使基层干部压力倍增，且部分考核方式缺乏科学性：

一是各部门的考核指标缺乏统一规划，导致基层重复准备材料，甚至迎检造假。

二是检查工作过于关注形式而忽视实际效果。

（三）职责交叉与资源浪费

基层治理中职责不清，导致部分工作重复执行或执行主体缺位：

一是不同部门对同一事务同时布置任务，增加了执行复杂性和协调成本。

二是资源调度不合理，造成部分领域资源浪费，而其他领域资源严重短缺。

三、基层治理法治化对减负的意义

法治化作为基层治理的基本原则，不仅能够优化治理结构，还能通过规范权责边界和治理流程，从根源上缓解基层负担问题。

（一）减少职责不清引发的负担

通过制定明确的权责清单和治理规范，法治化为基层治理划定了清晰的职责界限：

1. 建立权责清单制度

制定权责清单，使基层干部明确工作职责，并通过法律文件固定职责范围，防止上级部门随意增加基层任务。

2. 细化执行规则

对交叉领域制定细化规则，例如环保、社会治安等领域，明确牵头部门和协作机制，避免职责冲突和推诿。

（二）规范治理流程，减少事务性干预

法治化推动基层治理从随意性向规范化、制度化转变，减少不必要的事务性负担：

1. 简化行政审批

通过"一窗受理、集成服务"的方式将审批环节整合，减少基层重复提交材料和应付检查的时间。

2. 优化检查考核机制

以法律法规为依据，明确考核指标，限制考核频次，杜绝形式主义检查。例如，将日常考核与年度考核结合，减少单独检查活动。

（三）聚焦服务群众，提升治理效能

通过法治化手段释放基层干部的时间和精力，使其能够聚焦服务群众：

1. 提升政策执行灵活性

在明确法律框架的前提下，赋予基层一定的政策调整空间。例如，民生项目可以根据实际需求优化细节，提升治理效益。

2. 促进矛盾依法解决

基层干部通过法治途径处理群众诉求，减少因主观判断错误导致的矛盾扩大化，将精力集中于重点工作。

四、基层治理法治化的路径

为实现基层治理法治化，以下路径具有重要参考价值：

（一）加强法治教育和意识培养

一是开展针对基层干部的法治培训，增强其依法行政能力。

二是在基层普及法律知识，提高群众依法办事和依法维权的意识。

（二）完善基层法治保障机制

一是推动基层立法和执法标准化建设，为基层治理提供法律支持。

二是建立基层法律顾问制度，确保法律咨询服务的高效性和可及性。

（三）推进治理流程的信息化和透明化

一是借助数字化手段提升治理效率，例如通过电子政务系统减少"文山会"海现象。

二是实现行政事务公开化，增强群众对基层治理的监督和信任。

（四）优化资源分配与监督机制

一是完善上下级之间的沟通协调机制，杜绝资源分配随意性。

二是建立监督反馈渠道，保障基层减负措施落到实处。

基层治理法治化是减轻基层负担的根本之策，通过明确职责、规范流程和提升效能，推动治理体系的有序运行。法治化不仅能够解决基层的当前问题，还为基层治理现代化提供了长远支持。只有真正做到法治化，才能让基层干部从烦琐事务中解放出来，将更多精力投入服务群众和提升治理效能上，推动基层治理迈向新高度。

第二节　法治在基层治理减负中的作用

法治是推进基层治理现代化的关键保障，其通过规范权责、优化流程、强化依法行政和推动矛盾依法化解等方式，在提升治理效率方面发挥了不可或缺的作用。

一、规范权责边界：减少基层事务的"越位"与"错位"

（一）明确权责清单，遏制"责任下移"现象

基层负担往往因职责不明或责任分配不均而加重。通过法治手段明确各级政府、部门及基层组织的权责范围，有助于规范治理行为，防止任务随意下派。

1. 权责清单的法治化

以法律或法规形式固定权责清单，确保基层组织有据可依。例如，在行政

审批改革中，明确哪些审批事项属于基层权限，哪些事项应由上级政府负责。

2.杜绝"甩锅"行为

一些上级部门将应承担的任务转嫁至基层，导致基层不堪重负。通过法治方式规定任务分配依据及责任追究机制，减少此类行为。

（二）避免职责"错位"，减轻无关事务干扰

基层治理中，一些基层干部常因事务边界不清而被迫处理与其职责无关的事项。通过法治手段重新梳理工作职责，明确治理边界：

1.依法划分事务性职责

例如，通过法律规定社区干部以服务居民为主要职责，而非承担不必要的迎检、资料整理任务。

2.优化资源配置

以法治为依托完善协作机制，避免因职能交叉导致的资源浪费和重复劳动。

二、优化治理流程：减轻事务性负担

（一）推动"放管服"改革，减少审批与备案负担

法治在简政放权、放管结合、优化服务中起到重要作用，能够有效减少基层不必要的行政事务负担。

1.审批事项清单化管理

通过法律或规章将行政审批事项清单化，明确基层无需处理的事项，并推动"非必要不备案"原则。

2.推行"一网通办"

依托法治化手段设计统一规范的审批流程，简化烦琐的审批程序，减少基层干部的事务压力。

（二）强化对检查、考核的法治约束

检查与考核是基层治理的重要工具，但其过度频繁和随意性会给基层增添负担。通过法治手段规范检查与考核行为，有助于减轻基层压力。

1.检查频率的法律规范

通过法规明确检查与考核的频次及内容。例如，要求同一事项不得由多个部门重复检查，减少多头管理和交叉检查的现象。

2.考核指标的法治化设置

考核内容需依法明确，避免形式主义或不切实际的考核指标增加基层负担。

（三）推动基层治理数字化建设

法治化的流程设计结合数字化工具，可以显著减轻基层的事务性负担。

1.数字化台账管理

以法律推动统一的电子化台账系统，避免基层干部因多部门需求而填写不同格式的台账。

2.智能数据平台建设

通过法规明确数据共享和接口标准，减少重复数据报送和跨部门沟通的时间成本。

三、强化依法行政：减少随意性干预

（一）依法规范上级部门对基层的指导与监督

随意性干预是基层负担的主要来源之一。通过法治化措施明确上级部门的权责，杜绝因个人意图或临时性安排对基层工作的干预。

1.监督的制度化和法律化

明确检查和监督的法定依据和程序，杜绝随意性指令或任务下达。

2.压缩"文山会海"

通过法律明确会议和文件的必要性审查程序，减少不必要的形式化工作。例如，规定年度内下发文件数量的上限。

（二）推行治理透明化，提升工作效率

法治化推动基层治理的透明化和程序化，减少因随意性或主观性决策导致的资源浪费。

1.依法建立工作流程图

明确各项治理活动的程序和时间节点，避免基层干部因流程不清或决策反复而疲于应付。

2.推行行政裁量权基准制度

以法律规范基层在执法和行政裁量权中的自由度，减少随意性行为引发的社会矛盾。

四、推动矛盾依法化解：减轻基层治理压力

（一）完善矛盾纠纷多元化解机制

社会矛盾的直接处理是基层干部的重要任务之一，但若处理方式不当，可能导致问题反复，增加工作负担。通过法治推动矛盾纠纷的多元化解，可以有效减轻这一压力。

1.强化基层调解的法律保障

完善人民调解制度，推动法治化的社区调解工作，使基层干部能依法

处理民事纠纷，避免矛盾扩大化。

2.建立多方参与机制

通过法律吸纳社会力量（如律师、社会组织）参与矛盾化解，减轻基层干部的工作压力。

（二）推广法律服务，依法解决群众问题

法律服务的普及能够减少群众问题处理的随意性，提升基层治理的效率。

1.加大法律援助覆盖面

通过法规推动法律援助在基层的普及，使群众能直接通过法律途径解决问题，减少基层干部介入的必要性。

2.健全法律咨询网络

通过法律推动基层社区建立专业法律咨询平台，为群众提供便捷的法律服务。

法治作为基层治理现代化的基石，在规范权责、优化流程、强化依法行政和推动矛盾化解方面为减负提供了有力支持。从权责清单的明确化到审批流程的简化，从监督考核的规范化到矛盾纠纷的依法解决，法治贯穿基层治理的各个环节，切实减轻了基层干部的事务性压力，提升了治理效能。未来，需要进一步完善相关法律法规，强化基层法治建设，以实现更加高效、公平和可持续的治理模式。

第三节　完善基层治理的法治规范体系，助力基层减负

构建基层治理的法治长效机制，必须以完善的法治规范体系为抓手，

从源头上为基层减负提供制度保障。这是因为法治具有规范性、稳定性、强制性和可预期性等特征，能够为基层治理提供明确的行为准则和稳定的制度环境，有效防止政策的随意性和"拍脑袋"决策，从而为基层减负提供持久的动力和可靠的保障。

一、建立健全基层治理的法律法规体系

当前，我国的基层治理法律法规体系还不够完善，存在着立法层级较低、内容较为笼统、针对性不强等问题，难以适应基层治理的复杂性和多样性。因此，必须针对基层治理中的重点领域和突出问题，完善相关法律法规，明确基层治理的职责范围和工作流程，为基层减负提供明确的法律依据。

（一）提升立法层级，增强法律效力

目前，关于基层治理的法律规定主要散见于《村民委员会组织法》《城市居民委员会组织法》等法律中，以及大量的行政法规、地方性法规和规章中。这些法律法规的效力层级较低，容易受到上级政策的影响，导致基层治理的法律依据不稳定。

1.制定专门的《基层治理法》

将基层治理的原则、主体、职责、权力、保障等内容进行系统、全面地规定，提升基层治理的法治化水平。

2.修订《村民委员会组织法》和《城市居民委员会组织法》

随着社会的发展，这两部法律中的部分内容已经有些滞后，需要进行修订和完善，使其更好地适应新时代基层治理的需求。例如，可以增加关于基层减负、数字治理、社区服务等方面的规定。

3.推动地方性法规和规章的"立改废释"工作

各地应根据自身实际情况，制定或修订与基层治理相关的地方性法规和

规章，同时对与上位法不一致或不适应现实需要的法规和规章进行清理和废止，确保基层治理的法律法规体系协调统一。

（二）细化法律规定，增强可操作性

现有的法律法规对基层治理的规定较为原则和笼统，缺乏具体的操作细则，导致基层在实际工作中难以把握尺度，容易出现"自由裁量权过大"或"无所适从"的现象。

1.明确基层组织的职责边界

法律法规应明确规定基层组织（如村委会、居委会）的法定职责和工作范围，区分基层组织与政府职能部门之间的职责，防止政府职能向基层组织无限延伸。可以使用"清单式"管理，列出基层组织应该承担的职责和禁止承担的职责，做到职责清晰、边界明确。

2.规范基层治理的工作流程

法律法规应细化基层治理各项工作的具体流程，包括决策程序、执行程序、监督程序等，确保基层治理工作规范有序、公开透明。例如，可以对基层组织的会议制度、财务管理制度、信息公开制度等进行详细规定。

3.明确基层干部的工作规范

法律法规应明确规定基层干部的工作职责、行为规范、考核标准、奖惩机制等，引导基层干部依法履职、规范用权、廉洁自律。

（三）强化问题导向，增强针对性

基层治理面临着许多现实问题，如形式主义、官僚主义、过度考核、责任"甩锅"等。法律法规应针对这些问题，提出具体的解决措施，增强法律的针对性和实效性。

1.制定基层负担清单管理制度

通过法律形式明确哪些工作应由基层承担，哪些工作不应由基层承接，哪些工作应由上级部门协助基层完成。清单应定期更新，并向社会公开，接受监督。

2.禁止向上级报告材料过多、过滥

对于向上级部门报告的工作事项、频率、形式等进行规范，禁止频繁要求基层报送材料，减少不必要的报表和台账。

3.规范考核评估机制

法律法规应明确规定基层考核评估的原则、内容、程序、方法等，禁止"一票否决"、层层加码、随意考核等现象，建立科学合理的考核评估体系。

4.建立责任追究制度

法律法规应明确规定上级部门向下级部门"甩锅"、推卸责任的法律责任，对违反规定的行为进行严肃处理，切实保障基层组织的合法权益。

二、规范上级部门对基层的管理行为

上级部门对基层治理的指导和监督是必要的，但过度的干预和不当的管理方式会加重基层负担。因此，必须建立法律约束机制，规范上级部门对基层的各类检查、督查、评比行为，避免重复性和形式化考核，同时明确文会数量的控制标准，通过法治手段限制向基层随意下发文件和召开会议的行为。

（一）建立健全检查、督查、评比活动的法律规范

目前，一些地方上级部门对基层的检查、督查、评比活动过多过滥，存在着重复检查、多头检查、随意检查等问题，严重干扰了基层组织的正常工作。

1.制定《检查、督查、评比活动管理条例》

明确规定各类检查、督查、评比活动的审批程序、实施主体、实施方式、结果运用等，防止随意开展此类活动。

2.整合检查、督查、评比活动

对同一事项或同一领域的检查、督查、评比活动进行整合，减少重复检查，提高工作效率。

3.规范检查、督查、评比活动的方式

推广"四不两直"（不发通知、不打招呼、不听汇报、不用陪同接待，直奔基层、直插现场）等暗访式检查，减少对基层工作的干扰。

4.严格控制检查、督查、评比活动的频率

对同一地区、同一部门的检查、督查、评比活动，原则上每年不得超过一次。

5.注重检查、督查、评比活动的结果运用

将检查、督查、评比活动的结果作为改进工作、完善政策、考核干部的重要依据，防止"检查一阵风""评比走过场"。

（二）建立健全文件、会议管理的法律规范

"文山会海"是基层负担的重要来源之一。上级部门向下级部门下发的文件过多过滥，召开的会议过多过频，占用了基层干部大量的时间和精力，影响了基层工作的正常开展。

1.制定《文件、会议管理条例》

明确规定各类文件、会议的审批程序、制发主体、制发范围、数量控制、会议形式等，防止随意发文、随意开会。

2.实行"发文总量控制"

各级政府应制订年度发文计划，并严格控制发文数量，对可发可不发的文件一律不发，对内容重复或相近的文件进行合并。

3. 推广电子公文

充分利用信息化手段，推广电子公文，减少纸质文件的印制和传递，降低行政成本。

4. 严格控制会议数量和规模

对可开可不开的会议一律不开，对内容重复或相近的会议进行合并，控制会议时间和参会人员规模。

5. 推广视频会议

充分利用视频会议系统，减少基层干部到上级部门开会的次数，降低差旅成本。

（三）建立健全责任追究机制

对于上级部门违反规定加重基层负担的行为，必须建立健全责任追究机制，严肃追究相关责任人的责任，以儆效尤。

1. 明确责任主体

在相关法律法规中明确规定上级部门及其工作人员违反规定加重基层负担的责任主体，包括直接责任人、主要负责人和分管负责人。

2. 明确责任形式

根据违反规定的情节轻重，明确责任形式，包括批评教育、诫勉谈话、通报批评、组织处理、纪律处分等。

3. 畅通举报渠道

建立健全基层干部和群众举报上级部门违反规定加重基层负担的渠道，并对举报人的信息进行保密，保护举报人的合法权益。

4. 公开处理结果

对违反规定加重基层负担的案件，应及时公开处理结果，接受社会监督。

三、推动简政放权与制度优化

简政放权是减轻基层负担的根本途径。通过法治化的手段优化基层治理流程，减少不必要的审批和备案环节，将更多资源投入服务群众的核心事务中，是实现基层减负的重要举措。同时，必须推动"权责对等"，确保基层在承担任务时拥有相应的资源配置和决策权。

（一）推进基层治理的"放管服"改革

"放管服"改革是深化行政体制改革的重要内容，也是减轻基层负担的重要抓手。

1.下放审批权限

将与基层群众生产生活密切相关的审批事项下放到基层，方便群众办事。

2.简化审批流程

优化审批流程，减少审批环节，缩短审批时间，提高审批效率。

3.推行"互联网＋政务服务"

充分利用互联网、大数据等技术，推行"网上办""掌上办""一次办"，让数据多跑路、群众少跑腿。

4.加强事中事后监管

在下放审批权限的同时，加强事中事后监管，防止"一放了之""放而不管"。

5.优化政务服务

提升基层政务服务水平，为群众提供便捷、高效、优质的服务。

（二）推动基层治理的"权责对等"

一些地方基层承担着大量的工作任务，但往往缺乏相应的资源配置和决策权，导致"小马拉大车""有责无权"的现象。

1.明确基层组织的权力清单

法律法规应明确规定基层组织在基层治理中享有的权利，包括决策权、执行权、监督权等。

2.保障基层组织的资源配置

法律法规应明确规定上级政府对基层组织的财政支持、人员配备、设施建设等方面的保障责任。

3.赋予基层组织一定的自主权

在法律法规规定的范围内，赋予基层组织一定的自主权，使其能够根据实际情况自主决策、自主管理。

4.建立权力运行监督机制

明确权力运行的程序和规范，建立公众参与和社会监督机制，防止权力滥用。

（三）优化基层治理的制度设计

基层治理的制度设计应坚持以人为本、服务群众的原则，减少不必要的制度约束，为基层减负创造良好的制度环境。

1.精简基层治理的制度规定

对基层治理的各项制度规定进行梳理，取消不必要的、重复的、过时的制度规定。

2.完善基层治理的激励机制

建立健全基层干部激励机制，对工作成绩突出的基层干部给予奖励，激发基层干部的工作积极性。

3.建立基层治理的容错纠错机制

对基层干部在改革创新中出现的失误和偏差，给予一定的容错空间，鼓励基层干部大胆探索、积极作为。

4.强化基层治理的法治保障

通过立法，明确基层治理的各项制度，为基层治理提供稳定的制度预期。

完善基层治理的法治规范体系，助力基层减负，是一项长期而艰巨的任务。需要各级党委、政府、各部门和社会各界的共同努力，持续推进，才能取得实效。只有建立起完善的法治规范体系，才能从根本上解决基层负担过重的问题，为基层治理提供坚实的法治保障，推动基层治理体系和治理能力现代化，更好地服务人民群众，维护社会和谐稳定。

第四节　培育基层治理的法治文化基础，夯实减负软实力

基层治理的法治化是一个系统工程，既需要完善的制度体系作为硬性约束，也需要深厚的法治文化作为软性支撑。制度是刚性的，是"外在的强制"；文化是柔性的，是"内在的自觉"。只有将制度的刚性与文化的柔性有机结合，才能实现基层治理的长治久安。法治文化是法治建设的精神内核，是法治精神、法治意识、法治观念、法治习惯等在社会生活中的综合体现。在基层治理中，法治文化表现为基层干部和群众对法律的信仰、尊重、遵守和运用，是基层社会成员共同的价值取向和行为规范。

培育基层治理的法治文化基础，对于夯实基层减负的软实力具有至关重要的作用。这是因为，法治文化能够引导基层干部和群众自觉遵守法律，依法办事，减少矛盾纠纷的产生，降低基层治理的成本；能够促使基层干部运用法治思维和法治方式解决问题，提高工作效率，减轻工作负担；能够营造良好的法治氛围，维护基层社会的和谐稳定，为基层减负提

供良好的社会环境。

一、增强群众法治意识，减少基层矛盾处理压力

群众是基层治理的主体，也是基层社会矛盾的主要来源。如果群众缺乏法治意识，习惯于用非法的手段解决问题，或者对政府过度依赖，就会给基层治理带来巨大的压力。因此，增强群众的法治意识，引导群众依法办事，是减轻基层矛盾处理压力的关键。

（一）开展多层次、多形式的普法宣传教育

普法宣传教育是增强群众法治意识的基础性工作。要针对不同群体的特点和需求，开展多层次、多形式的普法宣传教育，提高普法宣传教育的针对性和实效性。

1.“送法下乡”活动常态化

组织法律专家、律师、法官等专业人士定期到农村、社区开展法律咨询、法律讲座、法律援助等活动，将法律知识送到群众身边。

2.利用传统媒体和新媒体进行普法宣传

充分利用报纸、广播、电视等传统媒体和微信、微博、抖音等新媒体平台，开展形式多样的普法宣传活动，扩大普法宣传的覆盖面。

3.加强重点人群的普法教育

针对青少年、农民工、老年人等重点人群，开展有针对性的普法教育，提高他们的法律意识和自我保护能力。例如，可以针对青少年开展“法治进校园”活动，针对农民工开展“法律维权”宣传，针对老年人开展“防范诈骗”宣传。

4.创新普法宣传教育形式

可以采用案例分析、情景模拟、法律知识竞赛、法治文艺演出等群众

喜闻乐见的形式，提高普法宣传教育的吸引力和感染力。

5. 构建普法责任清单制度

明确各级政府部门、司法机关、社会组织等在普法宣传教育中的责任，形成"谁执法谁普法"的工作格局。

（二）引导群众依法表达诉求、化解矛盾

群众有了矛盾纠纷，应该通过合法的途径表达诉求、解决问题。要引导群众树立"有事找法"的意识，避免"有事找政府"的过度依赖现象。

1. 畅通群众诉求表达渠道

建立健全信访、调解、仲裁、诉讼等多元化矛盾纠纷解决机制，为群众提供便捷、高效的诉求表达渠道。

2. 加强人民调解工作

充分发挥人民调解在化解基层矛盾纠纷中的基础性作用，提高人民调解的成功率和公信力。

3. 推广"诉调对接"机制

将诉讼与非诉讼纠纷解决方式相结合，引导群众优先选择非诉讼方式解决纠纷。

4. 完善法律援助制度

扩大法律援助范围，降低法律援助门槛，为经济困难的群众提供免费的法律服务。

5. 建立健全社会矛盾纠纷排查预警机制

定期开展社会矛盾纠纷排查，及时发现和化解矛盾纠纷，防止矛盾纠纷激化升级。

（三）借助法律服务队伍和法律援助平台

专业的法律服务能够帮助群众更好地理解法律、运用法律，引导群众

通过法律途径解决问题，减轻基层干部的矛盾调处负担。

1. 加强基层法律服务队伍建设

鼓励律师、公证员、基层法律服务工作者等专业人士到基层开展法律服务，为群众提供专业的法律咨询、法律援助、法律代理等服务。

2. 建设城乡一体化的法律服务网络

在乡镇（街道）、村（社区）建立法律服务站（点），为群众提供"家门口"的法律服务。

3. 推广"互联网＋法律服务"

利用互联网、移动客户端等技术手段，建设在线法律服务平台，为群众提供在线法律咨询、在线法律援助申请、在线法律文书制作等服务。

4. 加强对法律服务队伍的监管

建立健全法律服务质量监督机制，规范法律服务行为，提高法律服务质量。

5. 引导社会力量参与法律服务

鼓励和支持社会组织、企事业单位等参与基层法律服务，形成多元化的法律服务供给体系。

二、强化基层干部的法治思维

基层干部是基层治理的"关键少数"，是联系党和政府与人民群众的桥梁和纽带。基层干部的法治思维水平直接影响着基层治理的法治化水平。因此，强化基层干部的法治思维，提高其运用法治方式解决问题的能力，是减轻基层负担、提升基层治理效能的关键。

（一）加强基层干部的法治教育培训

法治教育培训是提高基层干部法治思维水平的重要途径。要针对基层干部的特点和需求，开展有针对性的法治教育培训，帮助其掌握运用法治方式解决问题的能力。

1.将法治教育纳入基层干部培训的必修课

在各级党校、行政学院、干部培训机构等开设法治课程，将法治教育纳入基层干部培训的必修内容。

2.开展专题法治培训

针对基层治理中的重点难点问题，开展专题法治培训，提高基层干部解决实际问题的能力。例如，可以开展"土地管理法""行政诉讼法""信访条例"等专题培训。

3.加强案例教学

通过案例分析，引导基层干部学习运用法律知识解决实际问题，提高法治思维的运用能力。

4.开展法治实践活动

组织基层干部到法院、检察院、司法所等单位参观学习，或者参与旁听庭审、模拟法庭等活动，增强法治实践经验。

5.建立健全基层干部学法用法考核制度

将法治学习情况和法治能力作为基层干部考核的重要内容，形成"以考促学、以学促用"的良好机制。

（二）引导基层干部转变治理方式

长期以来，一些基层干部习惯于用"经验治理"的方式解决问题，缺乏运用法治思维和法治方式解决问题的意识和能力。要引导基层干部转变治理方式，从"经验治理"向"依法治理"转变，提升工作效率，减少因操作不规范引发的事务性负担。

1.树立法治理念

引导基层干部牢固树立法治理念，认识到法治是治国理政的基本方式，是实现国家治理体系和治理能力现代化的重要保障。

2. 学习法律知识

引导基层干部认真学习宪法、法律、法规等，掌握与基层治理相关的法律知识，提高依法办事的能力。

3. 规范决策程序

引导基层干部严格按照法定程序进行决策，做到决策公开、公平、公正。

4. 坚持依法行政

引导基层干部严格按照法律法规的规定行使权力，做到不越权、不滥权、不失职。

5. 接受监督

引导基层干部自觉接受党内监督、人大监督、政协监督、司法监督、社会监督、舆论监督，确保权力在阳光下运行。

6. 健全依法决策机制

建立健全重大决策合法性审查机制，确保各项决策符合法律法规的规定。

（三）推动基层干部运用法治方式解决问题

法治思维的核心是运用法律的原则、规则和方法分析问题、解决问题。要引导基层干部在处理基层事务时，坚持以事实为依据、以法律为准绳，运用法治方式解决问题。

1. 在矛盾纠纷化解中运用法治方式

引导基层干部在处理矛盾纠纷时，坚持依法调解、依法仲裁、依法诉讼，避免采取行政命令、强制手段等非法方式。

2. 在公共事务管理中运用法治方式

引导基层干部在管理公共事务时，严格按照法律法规的规定进行，做到程序合法、实体公正。

3.在服务群众中运用法治方式

引导基层干部在服务群众时，坚持依法办事、热情服务，为群众提供便捷、高效、优质的服务。

4.在应对突发事件中运用法治方式

遇到自然灾害、事故灾难、公共卫生事件等突发事件时，要依照相关法律法规，采取必要措施，保护人民生命财产安全，维护社会秩序。

三、营造良好的法治文化环境

法治文化环境是法治建设的土壤。只有营造良好的法治文化环境，才能使法治理念深入人心，成为基层社会成员共同的价值取向和行为规范，从而为基层减负提供良好的社会氛围。

（一）加强乡村法治文化阵地建设

乡村法治文化阵地是传播法治文化的重要载体。要充分利用现有的资源，加强乡村法治文化阵地建设，为群众提供学习法律知识、参与法治活动的场所。

1.建设法治文化广场

在农村、社区建设法治文化广场，设置法治宣传栏、法治雕塑、法治格言警句等，营造浓厚的法治文化氛围。

2.建设法治文化长廊

在农村、社区的主要街道、公园、景区等场所建设法治文化长廊，展示法治文化内容，让群众在休闲娱乐中接受法治教育。

3.建设法治图书室

在农村、社区的文化活动中心、图书室等场所设立法治图书角，为群众提供法律书籍、报刊、音像制品等，方便群众学习法律知识。

4. 建设法治文化网站

利用互联网技术，建设法治文化网站、微信公众号等，开展在线法治宣传教育，扩大法治文化的影响力。

5. 建设"民主法治示范村（社区）"

通过创建"民主法治示范村（社区）"，树立法治建设的典型，发挥示范引领作用。

（二）开展丰富多彩的法治文艺活动

法治文艺活动是群众喜闻乐见的法治宣传教育形式。要结合当地的文化特色，开展丰富多彩的法治文艺活动，提高法治宣传教育的吸引力和感染力。

1. 组织法治文艺演出

组织创作和演出法治题材的戏剧、小品、歌舞、曲艺等节目，以群众喜闻乐见的形式宣传法律知识。

2. 开展法治题材电影放映活动

在农村、社区放映法治题材的电影、电视剧、纪录片等，让群众在观影中接受法治教育。

3. 举办法律知识竞赛

组织开展法律知识竞赛、法律知识抢答等活动，激发群众学习法律知识的兴趣。

4. 开展法治征文、书画、摄影等活动

通过征文、书画、摄影等形式，展现法治建设的成果，弘扬法治精神。

5. 利用传统节日开展法治宣传

利用春节、元宵节、清明节、端午节、中秋节等传统节日，开展有针对性的法治宣传活动，将法治文化融入传统文化之中。

（三）推动基层治理"法律顾问"制度全覆盖

"法律顾问"制度是基层治理法治化的重要保障。要推动基层治理"法律顾问"制度全覆盖，确保基层干部在处理复杂问题时有法律指导，减少因决策失误引发的负担。

1.明确"法律顾问"的职责和权利

法律法规应明确规定"法律顾问"的职责和权利，保障"法律顾问"依法履行职责。

2.建立"法律顾问"的选聘和管理机制

建立健全"法律顾问"的选聘和管理机制，确保"法律顾问"具有专业的法律知识和良好的职业道德。

3.保障"法律顾问"的工作条件

为"法律顾问"提供必要的工作条件，保障"法律顾问"能够顺利开展工作。

4.建立"法律顾问"的考核评估机制

建立健全"法律顾问"的考核评估机制，对"法律顾问"的工作进行定期考核评估，提高"法律顾问"的服务质量。

5.推广"一村（社区）一法律顾问"制度

在每个村（社区）配备一名"法律顾问"，为基层干部和群众提供专业的法律服务。

6.探索建立政府购买法律服务机制

通过政府购买法律服务的方式，为基层组织提供法律顾问服务，减轻基层组织的负担。

培育基层治理的法治文化基础，夯实基层减负的软实力，是一项长期而艰巨的任务。需要各级党委、政府、各部门和社会各界的共同努力，坚持不懈地推进法治文化建设，才能让法治精神在基层落地生根，开花结果。只有这样，才能真正实现基层治理的法治化，为基层减负提供持久的动力和可靠的保障，维护基层社会的和谐稳定，让人民群众有更多的获得感、幸福感、安全感。

第五节　加快完善基层治理法治监督体系，防止"负担反弹"

为基层减负是一项长期而艰巨的任务，需要持续发力、久久为功。仅仅依靠政策文件和行政命令难以从根本上解决问题，还可能出现"按下葫芦浮起瓢"的"负担反弹"现象。因此，必须加快完善基层治理法治监督体系，将减负工作纳入法治化轨道，通过刚性的制度约束和有效的监督机制，确保减负政策落地生根，防止"负担反弹"，巩固减负成效。

法治监督是法治国家的基本特征，是保障权力正确行使、防止权力滥用的重要手段。在基层治理中，法治监督是指通过法律规定的途径和方式，对基层治理的主体、行为和过程进行监督，确保基层治理依法进行、规范运行。完善基层治理法治监督体系，对于防止"负担反弹"、巩固减负成效具有至关重要的作用。

一、建立法律约束机制，防止上级随意"甩锅"

"甩锅"是基层负担的重要来源之一。一些上级部门为了完成自身的工作任务，或者逃避责任，将本应由自己承担的工作任务转嫁给基层，或者以检查、考核等名义给基层施加压力，导致基层负担过重。因此，必须建立法律约束机制，防止上级随意"甩锅"，从源头上减轻基层负担。

（一）明确上级部门的权责清单

权责清单是规范权力运行的基础性制度。要通过法律法规明确规定各级政府部门的职责权限，划清部门之间的职责边界，防止部门之间相互推诿扯皮，将责任"甩锅"给基层。

1.制定《政府部门权责清单管理办法》

明确规定权责清单的编制主体、编制程序、内容要求、调整机制、监督机制等，确保权责清单的规范性和权威性。

2.实行"清单式"管理

各级政府部门应编制本部门的权责清单，并向社会公开，接受社会监督。清单之外的事项，原则上不得要求基层承担。

3.定期评估和调整权责清单

根据法律法规的变化和实际情况，定期对权责清单进行评估和调整，确保权责清单的科学性和时效性。

4.建立权责清单争议解决机制

对于部门之间因权责清单产生的争议，建立健全争议解决机制，及时解决争议，防止部门之间相互推诿扯皮。

（二）规范上级部门的任务下达行为

上级部门向下级部门下达任务是履行职责的必要手段，但必须依法进行，不得随意增加基层的负担。要通过法律法规规范上级部门的任务下达行为，防止"层层加码""责任甩锅"。

1.制定《任务下达管理办法》

明确规定任务下达的原则、程序、内容、方式、监督机制等，防止随意下达任务。

2. 坚持"权责对等"原则

上级部门向下级部门下达任务时，应坚持"权责对等"原则，给予下级部门相应的资源保障和决策权。

3. 禁止"层层加码"

上级部门向下级部门下达任务时，不得层层加码，不得将本应由自己承担的工作任务转嫁给下级部门。

4. 加强对任务下达的合法性审查

建立健全任务下达合法性审查机制，对不符合法律法规规定的任务，下级部门有权拒绝执行。

5. 建立任务下达评估机制

对上级部门下达的任务进行定期评估，评估其必要性、合理性、可行性，对不合理的任务进行调整或取消。

（三）规范上级部门的检查、考核行为

检查、考核是上级部门监督下级部门工作的重要手段，但必须依法进行，不得过多过滥，不得干扰基层的正常工作。要通过法律法规规范上级部门的检查、考核行为，防止"重复检查""多头考核""形式主义考核"。

1. 制定《检查、考核管理办法》

明确规定检查、考核的原则、程序、内容、方式、结果运用、监督机制等，防止随意开展检查、考核。

2. 实行"计划管理"

各级政府应制订年度检查、考核计划，并向社会公开，计划之外的检查、考核原则上不得开展。

3. 整合检查、考核事项

对同一事项或同一领域的检查、考核进行整合，减少重复检查、多头考核。

4.规范检查、考核方式

推广"四不两直"（不发通知、不打招呼、不听汇报、不用陪同接待，直奔基层、直插现场）等暗访式检查，减少对基层工作的干扰。

5.注重检查、考核结果运用

将检查、考核结果作为改进工作、完善政策、考核干部的重要依据，防止"检查一阵风""考核走过场"。

建立检查、考核责任追究机制：对于违反规定开展检查、考核，加重基层负担的行为，严肃追究相关责任人的责任。

（四）建立健全责任追究机制

对于上级部门违反规定"甩锅"、加重基层负担的行为，必须建立健全责任追究机制，严肃追究相关责任人的责任，以儆效尤。

1.明确责任主体

在相关法律法规中明确规定上级部门及其工作人员违反规定"甩锅"、加重基层负担的责任主体，包括直接责任人、主要负责人和分管负责人。

2.明确责任形式

根据违反规定的情节轻重，明确责任形式，包括批评教育、诫勉谈话、通报批评、组织处理、纪律处分等。

3.畅通举报渠道

建立健全基层干部和群众举报上级部门违反规定"甩锅"、加重基层负担的渠道，并对举报人的信息进行保密，保护举报人的合法权益。

4.公开处理结果

对违反规定"甩锅"、加重基层负担的案件，应及时公开处理结果，接受社会监督。

5.建立健全"容错纠错"机制

对于基层在改革创新中出现的失误和偏差，在符合相关规定的前提下，可以予以容错，鼓励基层干部大胆探索、积极作为。

二、推动基层权力运行透明化

基层权力运行不透明、不规范是导致基层负担的重要原因之一。一些基层干部利用手中的权力谋取私利，或者滥用权力，给群众和基层组织增加负担。因此，必须推动基层权力运行透明化，将权力置于阳光之下，接受社会监督，减少因权力运行不规范引发的事务性负担。

（一）推进基层政务公开

政务公开是保障人民知情权、参与权、表达权、监督权的重要途径，也是规范权力运行、防止权力滥用的有效手段。要全面推进基层政务公开，让权力在阳光下运行。

1. 制定《基层政务公开条例》

明确规定基层政务公开的范围、内容、方式、程序、监督机制等，确保基层政务公开的规范性和实效性。

2. 扩大政务公开范围

除涉及国家秘密、商业秘密和个人隐私的事项外，其他政务信息都应向社会公开。

3. 丰富政务公开内容

不仅要公开政府的决策、执行、管理、服务、结果等信息，还要公开政府的财政预算、决算、"三公"经费等信息。

4. 创新政务公开方式

充分利用政府网站、政务新媒体、政务公开栏、新闻发布会等多种形式，开展政务公开。

5.加强政务公开平台建设

建设统一的政务公开平台，方便群众查询和获取政府信息。

6.建立健全政务公开监督机制

建立健全政务公开监督机制，保障公民对政务公开的监督权。

（二）推动基层权力清单公开透明

权力清单是规范权力运行的基础性制度。要推动基层权力清单公开透明，让群众了解基层政府的权力边界，监督基层政府依法行使权力。

1.编制基层权力清单

各级基层政府应编制本级政府的权力清单，并向社会公开。权力清单应包括权力事项、权力依据、权力主体、运行流程、监督方式等内容。

2.实行"动态管理"

根据法律法规的变化和实际情况，定期对权力清单进行调整，确保权力清单的科学性和时效性。

3.加强权力清单的宣传

通过多种形式，向群众宣传权力清单，让群众了解基层政府的权力边界，监督基层政府依法行使权力。

4.建立权力清单运行监督机制

建立健全权力清单运行监督机制，对基层政府权力运行情况进行监督，防止权力滥用。

（三）借助信息化手段

信息化手段是推动基层权力运行透明化的重要工具。要充分利用互联网、大数据、云计算等技术，建设智慧政务平台，实现权力运行的全过程留痕、可追溯、可查询，让权力在阳光下运行。

1. 建设智慧政务平台

建设统一的智慧政务平台，整合各部门的政务信息资源，实现数据共享、业务协同。

2. 推行"互联网＋政务服务"

利用互联网、移动客户端等技术手段，推行"网上办""掌上办""一次办"，让数据多跑路、群众少跑腿。

3. 推行电子监察

利用电子监察系统，对基层政府权力运行情况进行实时监控，及时发现和纠正问题。

4. 加强数据安全管理

建立健全数据安全管理制度，确保政务数据的安全。

5. 运用大数据分析

利用大数据技术，对基层治理数据进行分析，发现潜在问题和风险，提高决策的科学性和精准性。

三、发挥司法监督作用

司法监督是法治监督体系的重要组成部分，是保障基层治理依法进行、规范运行的最后一道防线。要强化司法机关对基层治理过程的监督，依法审查基层治理中的不合理现象，保护基层干部的合法权益。

（一）加强行政诉讼监督

行政诉讼是公民、法人或者其他组织认为行政机关的具体行政行为侵犯其合法权益，依法向人民法院提起诉讼的制度。要加强行政诉讼监督，保障公民、法人或者其他组织通过行政诉讼维护自身合法权益。

1.畅通行政诉讼渠道

保障公民、法人或者其他组织依法提起行政诉讼的权利，不得设置任何障碍。

2.加强行政应诉工作

行政机关应当积极应诉，配合人民法院的审判工作。

3.尊重和执行人民法院的判决

行政机关应当尊重和执行人民法院的判决，不得拒不执行或者变相执行。

4.加强行政诉讼案件的分析研判

对行政诉讼案件进行分析研判，找出行政执法中存在的问题，改进工作，提高依法行政水平。

5.建立行政机关负责人出庭应诉制度

对于重大、疑难、复杂的行政诉讼案件，行政机关负责人应当出庭应诉。

（二）加强检察监督

检察机关是国家的法律监督机关，对行政机关的执法活动具有监督权。要加强检察监督，保障行政机关依法行使职权。

1.加强对行政执法活动的监督

检察机关可以通过检察建议、纠正违法通知书等方式，对行政机关的执法活动进行监督。

2.加强对行政诉讼的监督

检察机关可以对人民法院的行政诉讼活动进行监督，对认为确有错误的行政判决、裁定，可以依法提出抗诉。

3.开展公益诉讼

对于损害国家利益和社会公共利益的行为，检察机关可以依法提起公益诉讼。

4.加强与行政机关的沟通协调

检察机关应加强与行政机关的沟通协调，共同维护社会公平正义。

（三）加强司法建议工作

司法建议是人民法院、人民检察院在审判、检察工作中，针对发现的社会治理问题，向有关单位提出的改进工作、完善制度的建议。要加强司法建议工作，发挥司法建议在基层治理中的积极作用。

1.规范司法建议的制作和发送

人民法院、人民检察院应当规范司法建议的制作和发送，确保司法建议的质量和效力。

2.加强司法建议的跟踪落实

人民法院、人民检察院应当加强对司法建议落实情况的跟踪监督，确保司法建议得到有效落实。

3.建立司法建议反馈机制

收到司法建议的单位应当及时反馈司法建议的落实情况。

4.将司法建议纳入考核

将相关单位对司法建议的落实情况，纳入绩效考核，推动司法建议的有效落实。

完善基层治理法治监督体系，防止"负担反弹"，是一项系统工程，需要各级党委、政府、各部门和社会各界的共同努力。只有建立起完善的法治监督体系，才能将权力关进制度的笼子里，才能保障基层减负政策落地生根，才能巩固减负成效，才能推动基层治理体系和治理能力现代化，更好地服务人民群众，维护社会和谐稳定。

第六章　基层减负长效机制的构建

第一节　数据整合共享

在基层工作中，尤其是在涉及多个部门协作的场景下，容易存在"多头填报"和"重复填表"的问题。各部门和单位各自收集、整理和存储数据，这不仅增加了基层干部的工作负担，也导致了信息孤岛，降低了数据的使用效率。因此，构建统一的基层数据填报平台，通过标准化、模块化的"一张表"实现数据集约化管理，不仅能减少重复劳动，还能提高工作效率，推动基层治理现代化。

一、数据平台整合

（一）打破部门间数据壁垒，构建综合平台

各个政府部门（如民政、社保、综治、税务等）目前通常独立管理自己的数据，这种分散的方式容易导致数据的重复录入和不同部门间的信息传递不畅。为了解决这一问题，需要建立一个统一的基层治理综合

平台，将不同部门的数据接口统一接入平台，实现数据的集成化管理。基层干部只需在一个平台上录入一次数据，所有相关部门便可以实时共享。

（二）标准化数据格式，确保数据共享无缝对接

为了实现跨部门的数据互通，必须对数据格式进行标准化，确保不同部门的数据可以通过标准化接口进行共享。例如，通过统一的编码规则、数据字段设置等，打破不同部门使用不同数据标准的问题。这不仅提高了数据的一致性和准确性，也使数据跨部门、跨系统流动变得更加高效。

（三）"一次录入、多方共享"

通过综合平台，基层干部在数据录入时只需填写一次信息，系统将自动生成不同部门所需的数据报告和数据表格，避免重复填报。比如，基层在录入居民信息时，可以同时为民政、社保、教育、卫生等部门提供所需信息。这样不仅减少了基层干部的工作量，还提高了信息流转的速度和准确性。

二、表格动态优化

（一）动态调整表格，合并冗余字段

在传统的数据收集过程中，表格内容往往存在冗余，且经常根据不同需求不断修改，导致表格填写复杂、字段烦琐。通过引入动态表格机制，能够根据实际需求灵活调整表格内容，删除无关或重复的字段，减少不必要的信息填报。比如，针对人口普查、疫情防控、民生保障等工作中常出现的重复字段，可以将这些字段合并成统一的模板进行填写，避免多次填

写同一信息。

（二）合并同类信息，提高表格通用性

将不同部门之间相似的表格信息进行合并，形成统一的数据模板。例如，将涉及的各类基本信息如家庭成员、健康状况、经济收入等，进行统一归类管理，消除信息重复的情况。在合并时要注意合理划分信息模块，以保证数据的完整性和准确性。

三、技术赋能减负：引入智能技术，减少手动录入工作

（一）引入 OCR 识别技术，自动填充数据

采用 OCR（光学字符识别）技术来自动识别纸质文档中的信息，并直接填充到数据系统中。这样，基层干部不需要手动输入身份证号码、姓名、住址等信息，减少了人工操作的错误，也大大提高了数据录入的效率。例如，通过扫描身份证，系统可以自动提取并填写居民的基本信息。

（二）自动填充和智能推荐功能

通过人工智能和数据学习，平台可以根据历史数据和常规工作需求，自动填充部分表格内容。例如，系统根据以前的填报记录推测出常见的字段或信息，进行智能推荐，帮助干部减少数据输入的重复性和冗余性，从而提高工作效率。

（三）数据校验与错误提示

利用技术手段对录入的数据进行实时校验，确保数据的准确性。系统

可以根据预设的规则，如年龄与出生日期不匹配、地址格式错误等，自动提醒用户纠正，从而减少人工审核的时间和错误率。

四、跨层级数据共享

（一）纵向贯通：构建四级数据共享网络

通过法治化手段建立纵向贯通的数据共享机制，确保省、市、县、乡四级政府数据能够实时共享。比如，省级政府部门将基本的户籍数据、土地数据等开放给基层，以便基层干部可以实时调用和应用这些数据进行决策。例如，乡镇可以通过省级平台实时获取土地流转情况，精确掌握本地区的资源分布，从而更加精准地制定政策。

（二）横向协同：推动同级部门数据互联互通

为了避免基层干部重复向企业和民众索要证明材料，各部门之间的数据也需要实现互联互通。例如，市场监管部门与税务部门可以通过统一平台共享企业注册和税务信息，避免企业重复提交信息。在跨部门协同时，要实现信息共享和隐私保护的平衡，确保数据在不同部门之间流动时的合法性和安全性。

（三）数据共享的权限控制与安全保障

为确保数据安全性和隐私保护，建立分级分类的安全保障措施。例如，对于敏感数据（如个人医疗信息、金融数据等），可以设置访问权限和加密传输，确保只有授权人员才能查看。同时，制定严格的数据访问审计机制，防止数据泄露和滥用。

五、安全与效率平衡

（一）数据加密与隐私保护

在共享数据的过程中，必须确保信息的安全性和个人隐私的保护。例如，敏感数据在传输过程中必须进行加密处理，确保数据在流动过程中不被泄露。同时，对敏感数据的查询权限进行严格控制，只有符合条件的工作人员可以访问。

（二）数据分级分类标准

制定统一的数据分类标准，根据数据的重要性和敏感度进行分级管理。例如，基础公共数据可以较为开放地共享，而涉及个人隐私或重要经济活动的数据，则需要限制访问权限。这样既能促进数据的共享，又能保证信息的安全性。

（三）完善数据监管机制

建立完善的数据监管机制，定期进行数据安全检查和风险评估，确保数据在使用过程中不会遭遇滥用、泄露或误用。并且，加强干部的法律意识，确保其在使用数据时遵守相关的法律法规，保护公众利益。

通过"一张表"整合数据，不仅能够简化基层工作的重复性劳动，减少基层干部的负担，还能够提升信息流转效率、增强跨部门协作、促进数据共享，从而实现基层治理的数字化和高效化。通过技术赋能和法治保障，可以确保数据共享在保障安全的同时，最大程度地提高工作效率，推动基层治理模式的创新与发展。

第二节　三张清单，明确职责边界

一、主责职能清单：明确核心任务，聚焦主业

一些基层政府在实际工作中常常面临"权小责大"的困境，即职责过多且不明确，工作任务繁重，导致基层干部的工作焦点不清，无法高效完成核心职能。为解决这一问题，提出制定主责职能清单，以清单化方式明确乡镇（街道）的法定职责，确保其专注于真正的核心任务。

（一）重点领域聚焦：将核心职能明确列出

基层政府的职责应当聚焦在几个关键领域，这些领域关系民生福祉、社会和谐以及国家经济发展。因此，基层政府应重点关注以下几个领域：

1. 经济发展

乡镇（街道）要结合自身资源优势和地方特色，推动乡村全面振兴战略，促进农村经济和产业发展。例如，通过推动农业现代化、推动乡村产业多元化发展等措施，推动经济增长。

2. 民生服务

民生服务包括教育、医疗、社保等基础公共服务的提供。这些服务是基层工作的核心，直接关系到群众的生活质量，必须保障其高效、规范地实施。

3. 社会治理

乡镇（街道）承担着社会稳定、治安管理、矛盾纠纷调解等责任。维护社会秩序、促进和谐社区、提高治理能力是基层的重要任务。

通过清单化管理，基层政府能够清晰地识别和聚焦自身的核心职能，减少不必要的行政事务，提升工作效率。

（二）去行政化剥离：清理非必要承担的行政事务

一些基层政府不仅面临核心职责的重负，还常常承担一些与其本职无关的事务，这些事务加剧了"权小责大"的矛盾，降低了工作效率。因此，需要对非核心行政事务进行清理，避免基层政府承担过多不必要的行政负担。例如：

1. 招商引资

县级部门不得将招商引资的硬性指标强行下放到村（社区），避免基层政府在没有足够资源和能力的情况下被迫承担招商任务。招商引资属于较高层级政府的工作，应由具有专门知识和资源的部门负责。

2. 其他非核心事务

例如，某些部门通过"任务下放"将不属于基层职责的项目交给乡镇（街道），这类任务应当清理和剥离，避免基层政府在职能上超负荷运作。

通过这些措施，可以明确基层政府的核心职责和资源配置，帮助基层更好地履行其法定职能。

二、协助职能清单：合理分配协助事项，避免过度负担

随着多项政策的推进，基层政府的职能和责任逐渐增多，一些上级部门会要求基层协助完成某些工作。为了确保基层政府不过度承担任务，必须建立合理的协助职能清单，明确协助事项的准入机制。

（一）协助事项准入机制：确保协助有序进行

为避免基层政府在无资源保障和专业支持的情况下承担额外的工作任务，需建立以下机制：

1. 程序规范

上级部门在要求基层协助开展某项专项工作时，必须经过规范程序，如通过联席会议审核。通过会议讨论和审核，确保任务的必要性和合理性，避免基层承担不合时宜或不必要的工作。

2. 资源匹配

基层协助的任务应与其资源和能力匹配。必须遵循"权随责走、费随事转"原则，即上级要求基层协助时，必须配套资源和专业支持。例如，在环保督察工作中，如果要求基层参与，必须提供相应的专业人员和技术设备，以确保任务的有效执行。

（二）动态调整：根据实际成效评估协助事项的必要性

协助事项的内容应根据实际成效进行动态调整。每年根据工作成果评估协助事项的必要性，并对那些形式化或不产生实际效果的任务进行清理或调整。这种动态调整机制能避免基层长期承接低效、形式化的任务。例如，某些行政检查、专项调研等事项，若基层执行后未见显著成效，或者导致不必要的重复工作，可以评估是否需要调整任务内容或取消。

三、负面清单职能：划定红线，防止不当下移责任

为进一步确保基层政府不承担过多不应承担的职责，需要制定负面清单职能，明确列出禁止向基层转嫁的职能和任务。这些职能不仅需要高度专业化的知识和技能，也可能涉及较高的法律责任，基层政府没有能力承担。

（一）执法类事项：需要专业资质的任务

一些涉及执法的任务，如市场监管、安全生产执法等，需要专业知

识、技能和资质，不适合基层政府单独承担。基层政府若被要求承担这些职能，可能导致执法不公、执法错误等问题。

1. 市场监管

市场监管涉及大量的法律知识和执法程序，必须由专业的监管部门负责。基层政府应当在必要时提供协助，但不能独立承担具体的执法任务。

2. 安全生产执法

安全生产执法包括对企业安全生产条件的检查和执法，涉及安全法规、检查标准等内容。基层政府通常缺乏足够的专业人员和技术支持，应当由相关专业部门负责。

（二）无限兜底条款：防止无限责任下移

基层政府有时面临一些"属地管理"任务，例如涉及企业排污监管、环境保护等问题。某些情况下，上级部门将这些任务以"属地管理"的名义转嫁给基层，实际上基层并无足够资源和能力承担。为了防止这一情况的发生，应在负面清单中明确禁止基层承担无限责任。

1. 企业排污监管

环保部门应当是排污监管的主体，基层政府可以提供协助，但不能承担无限的监管责任，尤其是在资源有限、监管能力不足的情况下。

2. 大型基础设施项目

如大规模的基础设施建设项目，其环境影响评估、施工监管等专业任务不应交给基层。

3. 防止职能下移的法律保障

负面清单职能的实施应有法律保障。在制定职能清单时，确保所有涉及基层职责的清单都具有法治依据，避免随意更改或滥用职能划分。例如，对于执法类事项和无限责任项的下移，必须有明确的法律依据，确保基层政府不被要求承担不合规、不合适的职能。

第三节　权责体系优化

一、精简考核指标

在基层工作中，如果考核指标繁杂、重复且烦琐，将导致工作压力过大，无法聚焦核心任务。因此，需要对考核指标进行精简和优化，提升考核的科学性与实效性。

（一）指标瘦身：减少不必要的考核指标

长期以来，基层工作考核指标众多，既有针对日常管理的，也有针对专项任务的，常常重复，缺乏聚焦和针对性。为解决这一问题，可以通过合并同类项、减少冗余指标，来精简考核内容。

1. 压缩考核项

原有的 50 余项考核指标可压缩至 20 项以内，聚焦核心任务。通过去除重复项和次要项，减轻基层负担，提升考核的有效性。例如，可以将"党建＋网格化"与"平安建设"合并为一个指标，避免因重叠产生的工作重复。

2. 减少非核心任务

一些考核指标可能来源于上级部门的随意要求或与基层职责关系不大的事项，应进行清理和剔除，专注于推动经济发展、民生改善、社会稳定等核心工作。

（二）流程再造：优化考核流程，减少重复督查

多部门的重复督查和考核流程过于复杂，导致基层工作人员的时间和精力被过度消耗。因此，流程再造是提高考核效率的关键。

1.多考合一

推进"多考合一"的模式，由县委统筹年度考核任务。原本由多个部门分开进行的考核，可以通过协同整合，统一集中开展，避免重复督查。比如，原来需要各部门单独对党建、平安建设、社会治理等进行考核，现在由县委组织统一考核，统筹部署。

2.集中检查

通过精简检查流程，减少不必要的干扰。结合具体情况，进行年度综合考核前期的数据采集工作，确保基础数据提前准备好，避免迎检时的突击加班。同时，定期的检查不应过于频繁，应当合理安排，避免干扰基层的日常工作。

（三）**频次科学化：合理安排考核和检查频率**

过于频繁的检查和考核会增加基层干部的工作负担，降低其工作效率。因此，科学调整考核和检查的频次，对于确保工作质量和效率至关重要。

1.从日常检查改为季度抽查

针对日常检查的频次，可以考虑改为季度抽查，确保检查的效率与精度。季度检查能避免基层工作因频繁的考核而停滞不前，也能在较长时间内综合评估工作成效。

2.减少迎检突击

将年度综合考核的准备工作提前，并将数据采集环节前移，确保考核资料不被临时"突击整理"。这样不仅能提升数据的准确性和完整性，还能减少因迎检而产生的压力。

二、创新督查方式：定性与定量结合，注重实地实效

在传统的考核和督查中，过多依赖数字化指标，容易忽视实际工作中

的难点与创新。创新督查方式，通过定性与定量结合，提升督查的实际效用和效果。

（一）技术督查：引入先进技术提升督查效率

传统的人工督查不仅耗时耗力，且容易出现疏漏。通过引入技术手段，能够提高督查效率和准确性。

1. 卫星遥感监测

以农田撂荒为例，传统的督查方式可能需要人工逐村排查，费时、费力且易受人为因素影响。利用卫星遥感技术，可以精准监测农田情况，并通过技术手段替代人工，减少人力成本，提高数据的时效性和准确性。

2. 大数据分析

将基层的各项工作数据汇集并通过大数据分析，可以为决策提供实时、精准的支持，及时发现问题并进行调整。例如，利用大数据分析社区矛盾的趋势，提前制定应对措施。

（二）群众评议：将群众的反馈纳入考核权重

群众是基层工作直接受益的对象，他们的反馈和评价对考核结果至关重要。通过结合群众评议，能够更真实地反映基层干部的工作效果。

1. "12345" 热线投诉解决率

将群众通过"12345"热线反馈的问题解决率纳入考核权重，确保基层政府对群众诉求的及时回应和高效解决。

2. 村民代表满意度

通过设立村民代表评议机制，定期收集村民对基层干部工作的满意度。通过这种形式，既能客观评价基层干部的工作绩效，又能为政策调整提供反馈。

（三）反向督查：加强基层对上级部门的评价

为加强对上级部门的监督，反向督查机制可以有效避免形式主义，并促使上级部门更加关注基层的实际需求和困难。

1.基层干部对上级部门评价机制

建立基层干部对上级部门的评价机制，让基层干部可以对上级部门提出意见和建议。通过定期的反馈与评估，推动上级部门整改形式主义和不切实际的政策，真正支持基层工作。

2.反向督查结果与考核挂钩

反向督查的结果应与上级部门的考核结果挂钩，确保上级部门能够根据基层的反馈调整政策和工作安排。这样不仅能提高政策的针对性和实效性，还能激励上级部门关注基层的实际问题。

三、健全容错机制：鼓励创新，保护基层干部积极性

基层干部常面临很多新的改革与创新任务，但在实施过程中，难免会出现失误。建立健全的容错机制，对于激励基层干部创新和担当至关重要。

（一）明确"三个区分开来"原则：区别对待失误

在基层创新过程中，难免会遇到探索性改革所带来的问题与失误。容错机制应明确区分不同类型的失误，做到合理免责。

1.政策边界

对于在改革探索中出现的失误，如在土地流转模式创新过程中发生的短期纠纷，容错机制可以给予适当免责，避免创新被过早惩罚，保护基层干部的创新精神。

2.程序规范

容错认定应遵循规范程序，建立专门的容错认定委员会，由纪委监委、组织部门及群众代表共同审议，确保容错的公正与透明。

（二）正向激励：对容错事项中表现突出的干部优先晋升

对于那些在容错事项中表现突出的干部，可以实施正向激励，对其优先晋升，进一步提升干部的创新动力。

对那些敢于创新、敢于承担风险的干部，给予更多的支持和正向评价，形成"为担当者担当"的导向。这不仅有助于提升基层干部的积极性，也能够为基层治理创新注入更多动力。

通过精简考核指标、创新督查方式和健全容错机制，可以大大提升基层政府的工作效率和创新能力。优化考核流程，结合技术手段和群众反馈，使得基层工作更加高效、透明。同时，通过正向激励与容错机制，鼓励干部敢于担当、勇于创新，最终实现基层治理的可持续发展。

第四节　体制建设强化

要使基层减负成为一种持久的、稳定的运行状态，需要从体制机制上加强顶层设计，推动资源配置和权力授权的进一步优化，让基层有足够的人、钱、权去完成既定职责。

一、厘清县乡职责关系：明确主体责任，避免推诿

在基层治理过程中，县乡两级的职责划分常常出现不清晰的情况，导致责任交叉、推诿扯皮、决策不力等问题。为了解决这些问题，必须通过

制度或文件明确各自的责任，确保工作高效、顺畅。

（一）分级负责原则：明确职责分工，避免事无巨细都要县级"盯"和"压"

县级政府和乡镇政府在工作中的职责应当有所区分，确保每个层级的任务聚焦于其擅长的领域，避免过度干预。具体来说：

1.县级主要负责宏观规划、资源调度和业务指导

县政府应该集中精力进行全县的经济、社会、资源等方面的总体规划，负责统筹全局，制定政策框架和发展方向，并调配相应的资源。这包括区域规划、基础设施建设的大方向、乡村振兴战略的部署等。

2.乡镇主要负责具体执行与属地管理

乡镇是距离基层百姓最接近的政府部门，应负责根据县级的宏观规划和政策，开展具体的执行工作。乡镇要根据当地实际情况，落实各项政策，处理日常事务，维护社会秩序。

这种分级负责的模式有助于避免县级对乡镇的过度干预，减少不必要的层层审批和干扰。乡镇可以专注于本地事务的管理与执行，县级则不必为乡镇的具体事务事无巨细地"盯"和"压"。

（二）上下联动协作：建立沟通协调机制

在重大事项和特殊情况下，县乡之间需要有效地沟通和协调，确保政策落地不受阻碍，避免不适合的"一刀切"或者盲目下派，导致基层难以执行。

1.县乡沟通机制

应建立常态化的县乡联席会议制度或沟通机制，定期或根据需要召开，尤其是在处理突发性事件或政策调整时，及时对执行过程中遇到的问题进行讨论、解决。例如，乡镇在执行上级政策时，可能遇到具体的难

题，县政府应提供政策指导或帮助，避免乡镇因地方特殊性而陷入困境。

2.灵活应对执行中的差异

对于不同乡镇的实际情况，要避免"一刀切"的管理方式，县级可以在保证大方向一致的前提下，灵活调整政策实施的细节和方式，允许乡镇根据本地实际情况做出调整。

（三）完善追责问责：确保责任明确

为了避免责任推诿和误罚，必须确保在工作失误或者违纪行为发生时，明确责任主体，强化问责机制。

1.明确责任主体

一旦出现问题，应根据职责清单清晰界定责任人，避免"上推下卸"的现象。尤其是当工作执行中出现失误时，必须根据责任层级区分责任，确定是县级政府、乡镇政府，还是其他相关部门的责任。

2.完善问责机制

对于责任人应依规进行问责，确保问责程序的公平、公正。如果责任属于县级或上级部门，应予以调查和处理。如果问题发生在乡镇，则应加强督导和培训，以提高乡镇干部的执行力和问题解决能力。

二、优化资源配置：增加人员编制，提高财政支持

基层工作有时面临人员不足、财政压力大等问题，这直接影响工作效率和服务质量。优化资源配置，增加支持力度是提升基层治理能力的关键。

（一）合理增编：根据需求适度扩增人员编制

基层的行政事务繁杂，工作量大，而人员编制往往偏少，导致部分干

部需要承担多重任务。为此，合理增编是缓解这一压力的有效措施。

1. 根据工作量扩编

乡镇的人员编制应根据工作实际需求进行调整，特别是在涉及社会治理、公共服务、乡村振兴等重点领域时，应合理增配人员，确保工作能得到有效落实。

2. 避免"一个人干多份活"

对于工作量较大的乡镇，可以根据地区规模和工作内容，适当增加编制，防止过多的工作压在少数几个人身上，导致工作质量下降。

（二）加强财政保障：建立县级统筹机制

乡镇在公共服务和社会治理中的支出往往较大，但财政收入较为有限，因此需要县级政府提供更多的财政支持。

1. 专项资金或转移支付

县级政府应当根据各乡镇的实际需要，设立专项资金或进行转移支付，帮助乡镇解决财政压力。例如，可以通过拨款支持乡镇的民生保障、基础设施建设等重点项目，确保其能够高效地落实公共服务。

2. 合理分配资源

乡镇的财政支持应依据其承担的任务轻重、人口密度等因素进行合理分配，确保资源的公平和合理利用。

（三）整合社会资源：引入社会组织与志愿者

在资源有限的情况下，乡镇可以通过整合社会资源，借助社会组织和志愿者的力量，来增强公共服务的能力。

1. 社会组织参与

可以通过引入社会组织来参与乡镇的社会治理与服务提供。例如，环保、卫生、文化等领域，可以通过与 NGO 合作，提升治理水平和服务质量。

2. 志愿者支持

在一些日常性的社会服务工作中，乡镇可以组织志愿者参与，减少行政成本的同时提高服务覆盖率。这可以在环境保护、老龄化社会服务、公共卫生等方面得到广泛应用。

三、赋予乡镇履责能力：项目建议权与决策权并重，提升治理效能

一些基层乡镇面临"有责任但无权力"的困境。为了提升治理效能，必须赋予乡镇在一定范围内的决策权和创新空间。

（一）项目建议权：增强乡镇主导能力

乡镇往往熟悉本地情况，因此应当在涉及乡村振兴、基础设施等重大项目中，赋予乡镇更多的建议权和决策权。

1. 项目建议权

乡镇可以在项目的前期调研和建议阶段，发挥更大的作用。例如，在乡村振兴中，乡镇干部了解当地的具体需求，能提出更具针对性的项目建议和实施方案。这样能够最大化利用本地资源，确保项目更符合当地的实际情况。

2. 调研与反馈机制

乡镇应通过调研、座谈会等方式，听取当地居民和企业的意见，确保项目符合民生需求。

（二）灵活决策权：优化执行效率

乡镇在执行上级决策时，需要有一定的灵活性。对上级指令的执行应当结合实际情况进行调整，而不是照搬照抄。

针对一些民生项目，乡镇应有权根据地方实际情况进行灵活决策，避

免上级审批流程过于烦琐，影响工作效率。例如，在乡村道路建设、村庄改造等基础设施项目中，乡镇应能根据具体情况调整项目实施细节，确保快速有效落实。

（三）提升专业化水平：加强培训与人才建设

提升乡镇的治理效能，不仅是给予其权力，还需要增强其能力。通过强化干部培训和动态交流，提升其政策理解力、财务管理能力、项目执行能力等。

1. 专业化培训

通过定期的政策培训、项目管理培训等，提升乡镇干部的综合素质，使其能够更好地应对复杂的治理任务。

2. 干部交流机制

完善干部动态交流机制，定期组织优秀干部赴其他乡镇或不同地区交流经验，提升基层治理水平。

第七章　夯实基层减负的人才支撑

基层减负，不仅是精简"文山会海"、优化工作流程的"减法"，更是提升治理效能、激发基层活力的"加法"。要实现基层减负的长效机制，除了制度保障和流程优化外，关键在于打造一支政治过硬、作风优良、本领高强的基层干部队伍。

第一节　理想信念铸魂，筑牢基层减负的思想根基

一、理想信念缺失是基层负担产生的思想诱因

（一）形式主义、官僚主义

1.基层工作中形式主义、官僚主义的表现

（1）脱离实际，照搬照抄

一些干部习惯于"以文件落实文件""以会议落实会议"，不考虑基层实际情况，生搬硬套上级政策，导致政策执行"水土不服"。

（2）敷衍塞责，应付了事

一些干部对上级部署的任务消极应付，只求"过得去"，不求"过得

硬"，工作流于形式，缺乏实效。

（3）"文山会海"，过度留痕

一些地方和部门热衷于开会发文，过度强调留痕管理，导致基层干部疲于应付各种报表、台账，难以集中精力抓工作落实。

（4）漠视群众，脱离群众

一些干部宗旨意识淡薄，对群众诉求漠不关心，对群众反映的问题推诿扯皮，导致干群关系紧张。

2.形式主义、官僚主义与理想信念动摇、宗旨意识淡薄的内在联系

形式主义、官僚主义问题的产生，根源在于一些党员干部理想信念动摇、宗旨意识淡薄，背离了党的性质和宗旨。

（1）理想信念动摇是形式主义、官僚主义的思想根源

一些党员干部理想信念不坚定，精神上"缺钙"，导致世界观、人生观、价值观扭曲，丧失了共产党人的精神追求和政治本色。他们只关心个人得失，不考虑群众利益，热衷于搞形式主义、官僚主义，以博取上级领导欢心和个人升迁。

（2）宗旨意识淡薄是形式主义、官僚主义的直接原因

一些党员干部忘记了全心全意为人民服务的根本宗旨，背离了党的群众路线，心中没有群众，眼里没有群众，对群众疾苦漠不关心，对群众诉求敷衍了事。他们习惯于坐在办公室里闭门造车，不愿意深入基层、深入群众，导致工作脱离实际、脱离群众。

3.破除形式主义、官僚主义的对策建议

要根治形式主义、官僚主义顽疾，必须从思想根源上入手，切实加强党员干部理想信念教育，牢固树立宗旨意识。

（1）加强思想教育，筑牢理想信念根基

要把学习贯彻习近平新时代中国特色社会主义思想作为首要政治任务，教育引导党员干部深刻领会其核心要义、精神实质、丰富内涵和实践

要求，切实增强"四个意识"、坚定"四个自信"、做到"两个维护"。要深入开展党史学习教育，引导党员干部从党的百年奋斗历程中汲取智慧和力量，坚定理想信念，牢记初心使命。

（2）强化宗旨意识，践行党的群众路线

要教育引导党员干部始终把人民放在心中最高位置，坚持以人民为中心的发展思想，把群众观点、群众路线深深植根于思想中、具体落实到行动上。要深入基层、深入群众，了解群众所思所想所盼，切实解决群众的操心事、烦心事、揪心事。

（3）坚持问题导向，切实为基层减负

要从领导机关和领导干部做起，带头反对形式主义、官僚主义，坚决防止和克服以形式主义反对形式主义、以官僚主义反对官僚主义。要大力精简文件会议，改进督查检查考核方式，切实减轻基层负担，让基层干部有更多时间和精力抓工作落实。

形式主义、官僚主义是党和人民事业的大敌，必须下大力气坚决整治。要坚持以习近平新时代中国特色社会主义思想为指导，切实加强党员干部理想信念教育，牢固树立宗旨意识，坚持问题导向，切实为基层减负，以永远在路上的执着和韧劲，坚决破除形式主义、官僚主义顽疾。

（二）功利主义与短期行为对基层工作造成的负担

1.功利主义与短期行为的含义

功利主义通常强调从最大化总体利益出发，以实用性和效果为主导，过度关注短期利益，忽视长期发展。而短期行为则是指在实际工作中，特别是政府部门中，一些干部为了快速获得成效和表现，往往注重眼前的成效和政绩，而忽略了工作的可持续性和长远影响。

2.功利主义和短期行为的负面影响

（1）急功近利的行为模式

基层工作中，一些干部由于急功近利，往往将重点放在追求短期政绩上。他们可能会采取一些表面上看似高效的手段，如敷衍了事的形式主义工作、数据造假、过度推销一些并非实际需求的政策等，力图通过短期内可见的成果（如完成任务量、达成指标）来提高自身政绩。这种行为模式往往造成了基层工作的过度负担。

（2）基层工作压力的加剧

由于许多基层工作本身就是复杂且长期的任务，解决的是群众的真实问题。一些干部一味追求短期成绩，往往采取过于简单化、急功近利的做法，甚至将工作结果"包装"后呈现，从而导致实际问题未能得到根本解决。这不仅会浪费社会资源，还会使基层工作人员面对更大的压力，因为他们需要不断满足上级对"即效"成果的要求，而忽略了现实中所需的时间和资源的投入。

（3）忽视长期效果与可持续发展

短期政绩导向的工作模式，往往会忽视实际工作中需要长期积累的部分，如基层公共服务的逐步改善、群众福祉的持续提升等。这种"速成"的做法虽然能在短时间内获得一些"数字化"的成果，却很难在长期内维持，并可能造成群众的不满和反感，最终导致政绩的"虚假性"暴露出来。

3.功利主义和短期行为导致理想信念的偏差

（1）脱离实际的理想主义

有些基层干部可能从理论上追求某些理想目标，但在面对工作中的具体问题时，却未能扎根实际、脚踏实地。这种"纸上谈兵"的行为模式表明了他们理想信念上的偏差，他们可能未能正确理解为民服务的根本目标，更多的是想通过快速展示结果来获得上级和群众的认可，而非从根本上解决民生问题。

（2）形式主义和官僚主义的滋生

由于功利主义的驱动，部分干部倾向于通过形式主义手段来应付工作任务，而不是注重实质性成果。例如，安排大量的会议、组织无意义的活动，甚至对政策和措施做表面化的调整，但没有深入到如何落实的问题。这种形式主义行为不仅无法真正解决基层群众的问题，反而增加了基层工作人员的工作负担，因为他们要投入更多的时间和精力去"应付"上级检查和反馈，而不是做实事。

（3）信念的功利化倾向

基层干部的理想信念应当是服务人民、促进社会公平与进步。然而，功利主义倾向容易将这种信念转化为功利的工具。干部可能越来越倾向于为了一时的表现而放弃内心深处的社会责任感，忽视为民服务的初衷。这种信念上的偏差不仅导致工作中的价值失衡，还可能引发群众对政府工作效果和态度的质疑。

（三）精神懈怠、责任缺失导致的"躺平"现象与基层负担的恶性循环

1."躺平"现象的内涵

"躺平"这一现象最初源自社会上对部分年轻人对生活和工作的消极态度的描述，但在基层工作中，这一现象的出现则更为复杂，通常表现为部分干部对工作失去热情，消极应对问题，甚至放弃自己的职责和责任。具体来说，基层干部因理想信念的缺失、压力的加剧及责任感的淡化，导致他们采取一种"消极应付"的态度，不再主动作为，甚至对工作漠不关心，这种"躺平"态度不仅影响了个人工作绩效，也加剧了基层组织的工作负担。

2.理想信念的缺失如何导致精神懈怠和责任缺失

（1）理想信念的缺失与价值观的偏离

基层干部的理想信念本应当扎根人民群众，为社会提供服务并推动社会进步。然而，部分干部在实际工作中，特别是在压力过大、缺乏支持和认同的情况下，逐渐偏离了这些理想目标。理想信念的缺失导致他们失去了工作的动力和热情，将工作视为"任务"而非使命，最终导致精神懈怠，产生"躺平"态度。

（2）责任意识的淡化

基层干部的工作职责直接关系民生福祉和社会的稳定。然而，随着理想信念的缺失，部分干部的责任意识逐渐弱化，他们对自己的工作缺乏应有的担当和使命感，甚至将工作看作是"差事"，应付了事即可。缺乏责任感的干部往往对自己的职责持随意态度，推诿扯皮，导致工作的延误和效率低下。

3.精神懈怠、责任缺失加剧基层负担

（1）工作任务的推卸与职责的转嫁

一些基层干部在面对繁重的工作任务时，往往选择消极回避，这种"躺平"态度使得他们将本应承担的责任推给其他人，或者将工作留给后续的人员去接手。结果，原本应当由一个干部负责的事务变得更加分散，更多的人员需要去解决这些遗留问题，基层负担加重。

（2）决策的滞后与执行的不到位

在基层，许多政策和措施的实施依赖于干部的落实。然而，部分干部由于精神懈怠和责任缺失，往往在政策执行过程中出现拖延和敷衍，导致决策的滞后，政策的落实不到位。这种情况不仅使政策效果大打折扣，还可能引发群众的不满和社会矛盾，进一步增加基层的工作压力。

（3）工作效能的下降与资源的浪费

基层工作中，许多问题需要通过干部的主动作为和精细管理来解决。如果干部缺乏责任感时，他们不仅自身的工作效率低下，往往还会对其他团队成员产生负面影响，造成协作不力、决策效率低、资源浪费等问题。基础设施建设、公共服务等领域的工作进展缓慢，导致资源的浪费和效率的降低，进一步加重基层的工作负担。

4.恶性循环的形成与加剧

（1）工作压力的逐步增大

在干部精神懈怠、责任缺失的情况下，问题和矛盾得不到及时解决，这导致基层工作人员在面对大量未处理的问题时感到压力巨大。为了应对日益增加的任务量，一些基层工作人员往往不得不花费更多时间和精力应对突发事件或解决短期目标，然而这些措施通常无法从根本上改善问题，反而形成了恶性循环，压力不断堆积。

（2）群众的不满与信任危机

基层工作直接关系民众的福祉，当干部缺乏责任感和使命感时，群众往往无法感受到政府的关心和温暖，长期积累的不满情绪会影响社会的稳定与和谐。这种社会信任的缺失，使得基层工作人员面临更加复杂的工作环境和更大的心理负担，恶性循环进一步加剧。

（3）干部士气的进一步低落

随着基层干部工作积极性的下降和责任感的消解，组织内部的士气也会受到影响。更多的干部会看到前辈的"躺平"现象，进而产生模仿行为，形成集体性的低效和消极工作氛围。在这种环境下，新的干部加入后也难以激发他们的工作热情，导致整个系统的工作效率和执行力进一步下降。

二、提升干部理想信念的法治路径

（一）构建常态化理论学习机制

1.法治思维对构建学习机制的指导作用

（1）明确权责，依法推动学习常态化

运用法治思维，需将理论学习纳入基层干部的职责范围，并在制度上明确学习的义务和监督机制。这有助于避免理论学习流于形式，促使其成为日常工作的重要组成部分。

（2）规范流程，增强学习的制度保障

法治思维强调程序正义。在构建理论学习机制时，要确保学习制度从制定到执行都公开透明，并且形成闭环管理，涵盖学习计划、组织实施、考核评价等环节。

（3）强化长效性，防止短期行为干扰学习

借助法治思维，可通过明确长期学习目标和分阶段计划，避免短期目标驱动学习内容单一、学习形式应付化的问题，确保学习机制的可持续性。

2.构建基层干部常态化理论学习机制的具体路径

（1）制度化：构建规范体系，保障学习运行

①学习制度建设

制定《基层干部理论学习管理办法》，明确学习内容、频次、形式和责任人，细化学习规范。将理论学习列入干部年度考核指标，以学习成果检验干部理论素养。

②常态化学习计划

编制年度学习计划，根据习近平新时代中国特色社会主义思想的重点内容，结合基层治理和群众路线相关议题，每月安排专题学习内容，确保覆盖面广且内容深入。

③考核监督制度

建立学习成果评估机制，定期检查干部学习情况。采用定期考试、述学报告等形式对学习成果进行量化评估，并将考核结果纳入干部绩效评价体系。

（2）内容化：聚焦重点主题，强化学习实效

①聚焦习近平新时代中国特色社会主义思想

设置重点学习主题，包括中国特色社会主义法治建设、全面依法治

国、基层治理现代化、党的群众路线等，确保学习内容紧密围绕党和国家的核心战略。

②结合基层治理实际需求

针对基层治理中常见的问题，如城乡社区治理、基层公共服务、矛盾纠纷调解等，编制实用型学习材料，将理论学习与实际工作需求紧密结合。

③专题化学习

开展"习近平总书记关于基层治理的重要论述"专题研讨班或培训班，邀请专家学者解析党的创新理论，为基层干部提供深度指导。

（3）形式多样化：激发学习兴趣

①灵活的学习形式

推行集体学习、个人自学、情景模拟相结合的方式。例如，组织案例教学，通过基层治理经典案例的分析，帮助干部深刻理解群众路线的实质。

②线上线下结合

运用"学习强国"等线上平台，设置学习模块和答题任务，方便干部利用碎片时间学习。在线下，通过举办研讨会、经验交流会等形式强化学习效果。

③实践式学习

结合基层治理工作实际，组织干部深入农村、社区开展调研，以"实地走访＋理论反思"的方式，将理论转化为解决问题的能力。

（4）技术化：现代信息技术赋能

①搭建智能学习平台

开发专属基层干部的学习管理系统，涵盖学习计划、学习资料、在线考试、学习进度跟踪等功能，实现学习的数字化和精细化管理。

②大数据辅助个性化学习

利用大数据技术分析干部的学习偏好和短板，为其定制个性化学习内容，提升学习的针对性和实效性。

（5）组织化：发挥党组织的主导作用

①强化党组织领导

充分发挥基层党组织在理论学习中的主导作用，将理论学习纳入党支部"三会一课"、主题党日等党内活动，形成党组织带学的氛围。

②学习型组织建设

各单位和基层党组织应围绕理论学习目标，成立学习小组，定期开展学习研讨，确保学习机制上下联动、全员覆盖。

（二）创新理论教育形式，增强学习实效

1. 完善党内法规体系，明确理想信念教育的法律地位

（1）确立理想信念教育的根本地位

在党章中进一步强化对理想信念教育的规定，明确其在思想建设中的核心作用，确保全党在思想上政治上行动上同党中央保持高度一致。

在《中国共产党宣传工作条例》《中国共产党党委（党组）理论学习中心组学习规则》等党内法规中，增设专章或条款，明确理想信念教育的目标、原则和主要任务。

（2）制定专门性党内法规

制定《理想信念教育实施办法》，系统规定教育的内容、形式、频率和责任主体，确保理想信念教育有规可依。

明确各级党组织在理想信念教育中的职责，将其作为党建工作的重要考核内容。

（3）完善基层执行机制

在党内法规中明确基层党组织作为教育实施主体的职责，要求其结合本地实际制订具体的学习计划。

强化基层党校在理想信念教育中的功能定位，推动教育资源向基层

倾斜。

2.健全监督和问责机制，保障法规有效落实

（1）完善教育监督机制

建立教育工作定期报告制度，要求各级党组织定期向上级汇报理想信念教育的开展情况。

引入第三方评估，定期对教育效果进行客观评价，确保教育质量和成效。

（2）强化执法检查

对党内法规和相关法律的实施情况开展专项督查，重点检查教育活动是否流于形式、执行机制是否落实到位。

对发现的形式主义问题及时整改，将整改情况纳入党内巡视和专项检查范围。

（3）加强责任追究

对理想信念教育不重视、敷衍塞责的党组织和个人，依据党内法规和法律追究其责任，形成刚性约束。

对典型案例进行通报，警示教育其他党组织，强化法规执行力。

3.通过法治推动理想信念教育制度化

（1）建立教育工作长效机制

以党内法规为依据，设立理想信念教育的定期学习制度，确保教育常态化开展。

结合基层实际，建立学习激励机制，通过积分奖励、学习竞赛等形式提高教育参与度。

（2）推动理想信念教育与基层治理融合

明确基层党组织在落实理想信念教育中的作用，将教育与基层社会治理、文化建设相结合，提升教育的实效性。

通过法规保障，推动乡村全面振兴战略、基层服务型党组织建设与理

想信念教育同步推进。

4.营造良好法治文化环境，激发内生动力

（1）倡导崇尚理想的社会风气

通过法律保障党内宣传与社会文化建设的互动，营造尊崇理想信念、弘扬正能量的社会环境。

利用重大节庆日、纪念日等，通过法规规定的形式开展理想信念主题教育活动。

（2）加强文化传播与媒体监督

在法律和党内法规框架内，要求新闻媒体承担弘扬理想信念的责任，加强对积极榜样的宣传报道。

对歪曲理想信念或传播错误思想的行为依法追究责任，净化舆论环境。

（3）注重文化软实力建设

利用红色文化资源和地方特色文化，开展富有地方特色的理想信念教育活动。

鼓励基层以创新方式传播理想信念，如创作文艺作品、举办文化活动等，使理想信念深入人心。

三、强化党性锤炼，筑牢思想防线

（一）完善党内政治生活制度

1."三会一课"，加强理论学习与组织凝聚

（1）强化"三会一课"的教育功能

内容聚焦政治理论：组织党员深入学习贯彻习近平新时代中国特色社会主义思想，特别是党的理论创新成果，提高政治觉悟。

丰富形式：结合案例教学、现场学习和情景模拟，增强党课的吸引力和感染力，确保学习内容入脑入心。

（2）优化"三会一课"的组织实施

制度化开展：定期召开支部党员大会、支部委员会和党小组会，确保党组织的决策民主性和透明性。

明确任务分工：党组织书记亲自抓落实，各党小组组长负责协同组织，确保工作有序推进。

（3）紧密联系基层实际

结合实践讨论：围绕基层治理、服务群众中的重点难点问题开展研讨，把理论学习与实际工作相结合。

突出典型引领：通过分享优秀党员的实践经验，激励全体党员主动提升理论素养和工作能力。

2.民主生活会，加强思想交流与团结统一

（1）规范民主生活会的组织程序

做好会前准备：广泛征求意见，全面梳理问题，为开好民主生活会奠定基础。

聚焦突出问题：紧扣党性修养、政治纪律和组织作风，避免泛泛而谈。

（2）深化批评和自我批评

批评有力度：坚持实事求是，针对问题不回避、不遮掩，真正触及思想深处。

自我批评有深度：鼓励党员干部正视问题，剖析根源，从思想、作风和行动上提出整改措施。

（3）形成问题整改清单

民主生活会后，根据查摆出的问题制定整改清单，明确责任人、整改目标和时限，并接受组织和群众监督。

3.组织生活会：增强党内政治生活的战斗性

（1）以问题为导向

突出重点议题：围绕党内重大决策、基层治理中的难题以及党员先锋模范作用发挥情况开展讨论。

反思薄弱环节：通过对标对表，找准支部工作和党员作风中的短板，确保组织生活务实有效。

（2）丰富批评与交流形式

推动"一对一""多对一"批评形式常态化，避免形式化、走过场。

在组织生活中运用小组研讨、民主评议等方式，推动思想交流更加深入。

（3）加强党支部书记的主导作用

要求党支部书记积极发挥表率作用，以高度的政治自觉带领全体党员参与组织生活并严格要求自己。

4.运用批评与自我批评的武器

（1）树立正确的批评导向

坚持"团结—批评—团结"的方针，确保批评不是泛泛而谈，而是直面矛盾、解决问题。

避免"好人主义"，在批评中敢于指出问题，并注重保护批评者和被批评者的积极性。

（2）规范批评程序与内容

要求党员干部在批评时严格遵守党内法规，聚焦政治性问题而非个人恩怨，避免情绪化表达。

在自我批评中深入挖掘思想根源，提出切实可行的整改方案。

（3）确保批评的建设性

注重批评后的正向引导，通过积极沟通达成共识，增强党组织的凝聚力。

强调批评的实际效果，避免流于形式或沦为"走过场"。

（二）强化党员意识教育，提升宗旨意识

1.加强党员意识教育的制度化建设

（1）建立健全党员教育体系

制定长期规划：各级党组织应根据自身实际，制定党员教育的中长期规划和年度教育计划，确保教育工作有序推进。

丰富教育内容：党员教育内容应涵盖理论学习、实践操作、党员道德修养、先进典型教育等方面，确保教育具有深度、广度和实践性。

常态化开展教育活动：结合"三会一课"、主题党日等形式，开展定期教育和学习，确保党员始终保持高水平的思想政治觉悟。

（2）强化党员责任意识和使命感

明确党员责任：通过学习党的宗旨和党章党规，引导党员明白作为共产党员应承担的责任与使命，时刻把人民群众的利益放在首位。

强化党员身份认同：通过集体活动、党员誓词等仪式化手段，进一步强化党员对自己身份的认同感，增强其责任感和使命感。

2.深化宗旨意识教育，增强服务群众的意识

（1）教育党员深入理解党的宗旨

理论学习结合实践：通过深入学习习近平新时代中国特色社会主义思想、党章党规及党史等内容，帮助党员从理论上深刻理解全心全意为人民服务的根本宗旨。

重点讲解党的宗旨与基层治理的关系：结合基层工作实际，讲解党的宗旨与群众路线、服务人民等方面的紧密联系，确保党员理解其服务群众的核心意义。

（2）注重思想深处的认同与觉悟

加强对党员的思想政治教育：不仅在组织生活中加强理论知识的学

习，还要通过日常工作中的党员榜样力量教育、对先进典型的宣传等方式，触动党员的内心，增强其从思想深处认同党的宗旨。

定期开展自我审视活动：定期开展党员自我反思和相互评议，促使党员在思想上时刻保持警觉，保持自省和自我修正的意识。

（3）强化党性锤炼，增强为人民服务的实际能力

实践与服务相结合：通过参与基层治理、社会服务、志愿活动等实践，帮助党员在实践中深化对服务群众的认识，并提升解决实际问题的能力。

开展"为民办实事"活动：组织党员参与"我为群众办实事"活动，深入群众，解决群众的实际困难，使党员干部在具体工作中更深刻理解和感悟党的宗旨。

3.杜绝脱离群众、漠视群众利益的行为

（1）制度化监督机制，防止脱离群众的行为

建立党员日常表现记录机制：通过定期评议、群众反馈等方式，建立对党员日常表现的记录，及时发现党员在服务群众中存在的问题，督促其及时整改。

实行党员定期考核：通过定期考核党员的表现，尤其是其是否践行党的宗旨、是否与群众保持密切联系等方面，对党员的服务群众能力进行评估。

（2）强化党内纪律约束

明确纪律要求：党员要严格遵守党章党规，任何脱离群众、漠视群众利益的行为都应受到严肃处理。通过党纪处分、党内警告等方式，约束党员的行为，避免党员滋生不作为、敷衍群众的情绪。

完善基层反馈机制：党组织应建立群众反馈机制，鼓励群众对党员干部的行为进行反馈，对党员的失职、失责行为及时进行整改和纠正。

（3）开展党风廉政建设教育

加强廉洁自律教育：通过党风廉政建设教育，加强党员干部的责任感和使命感，防止其在执行公务过程中出现"脱离群众"的行为。

增强党员的法律意识：定期开展法律法规教育，使党员干部理解公共服务中的法律责任，增强遵纪守法的自觉性。

4. 创新党员教育的形式与方法

（1）开展形式多样的教育活动

案例教学与情景模拟：结合社会热点问题、基层治理中的实际案例等，开展案例教学和情景模拟，使党员在身临其境中体会服务群众的责任与重要性。

实地调研与服务活动：定期组织党员干部深入基层、走访群众，通过面对面的接触，真实了解群众需求，从而增强其服务意识。

（2）利用现代信息技术手段

推动数字化教育：通过线上学习平台、微信工作群等方式，利用新媒体开展党内教育，使党员可以随时随地进行理论学习和党性教育。

建立党员教育的智能化管理平台：构建党员学习档案、教育跟踪系统等，确保教育活动的规范化与持续性，提升学习效果。

5. 加强党内民主与党风党纪建设

（1）落实民主生活会和批评与自我批评制度

定期召开党员民主生活会，发挥批评与自我批评的作用，及时发现党员在工作中存在的问题，尤其是脱离群众、漠视群众利益的行为，进行深入剖析与整改。

通过批评与自我批评，加强党员对党章党规的认识，促使党员在思想深处自觉落实党的宗旨。

（2）强化党员榜样引领作用

树立优秀党员典型：通过评选"优秀党员"或"模范党员"，树立具有良好群众基础的党员榜样，发挥先进典型的引领作用，带动其他党员强化服务群众意识。

开展志愿服务活动：鼓励党员参与各类志愿服务活动，特别是基层困难群体的帮扶工作，进一步增强党员与群众之间的紧密联系。

第二节 恪尽职守塑形，锤炼基层减负的优良作风

一、强化责任担当，激发干部履职尽责的法治保障

（一）健全责任落实机制，明确岗位职责

在现代社会治理中，确保责任落实到人、避免责任不清和无人负责的现象是提高政府、企业、组织运作效率的关键。尤其是在基层管理中，责任不落实会导致决策迟缓、工作滞后，甚至发生管理漏洞。要实现这一目标，必须通过法治手段健全岗位责任制，确保各岗位职责的明晰和权责的对等。以下从法治思维的角度出发，具体阐述如何通过制度建设和法治保障来落实岗位职责，确保责任明确、落实到人。

1. 明确岗位职责的法治基础

（1）建立健全岗位责任制的法治框架

每个岗位职责的落实必须有明确的法律或行政规定作为基础。在组织内部，通过文件或法律文本明确每一岗位的职责范围、工作目标和要求，做到责任清晰、权责对等。应根据组织的运作模式和实际需求，出台具体的制度规定，并将其上升到法治层面，确保职责分配符合相关法规要求，避免职责不清、推诿扯皮等现象的发生。

（2）完善法律法规，保障岗位责任的落实

法律不仅要界定岗位职责，还需要对责任的落实提供保障机制。例

如，在政府部门或企业单位中，职能部门应当根据相关法律或规章制度，逐一明确每个岗位的具体任务，并根据工作目标设定对应的责任制。这些责任制应通过法律条文加以规定，以确保所有岗位的工作要求和职责分配都有法可依，且有法可循。

2.细化岗位职责，确保权责分明

（1）岗位职责明晰化

在职责的分配上，必须做到"岗位清晰、职责明确"。具体来说，岗位职责的明确化应从两方面入手：

①工作内容的具体化：每个岗位的具体职责需要在文件或合同中详细列出，包括日常工作内容、目标任务、业务范围等。

②权利与责任的对等：每个岗位的职责应明确与之对应的权利，确保岗位的职责和权利能够相互支撑，形成工作上的正反馈。

（2）岗位职责边界清晰化

各岗位之间的职责边界应当明确，避免重叠和空白。在大多数组织中，责任不清往往导致多个部门或岗位互相推卸责任。因此，明确每个岗位职责的具体范围，并避免"交叉责任区"现象，能够有效预防责任推诿的发生。

（3）责任落实的量化指标

岗位责任应通过量化的方式进行考核，确保责任落实的可操作性。例如，对于行政岗位，可以设定定期考核工作进度和完成情况的指标；对于技术岗位，可以根据项目完成情况或生产质量进行量化评价。这些量化指标有助于更加精确地落实岗位责任。

3.通过法治手段确保责任落实

（1）建立制度化的监督机制

为了确保岗位责任的落实，组织内部应当建立一套完善的监督机制。监督不仅依赖于内部的审计、检查等常规方式，还需要利用法治手段赋予各监督机构法定权力，例如：

①法律审计和内控机制：设立法律审计部门，通过法律规定对各岗位责任落实情况进行定期审查。

②依法追责机制：制定明确的追责条款，对责任未落实的行为进行法律追责，确保责任到位、工作不松懈。

（2）法治化的问责制

对于岗位职责落实不力的情况，应当通过法治手段进行有效问责。在考核过程中，岗位责任落实不到位的情况应当引发相应的问责程序，根据法律法规对相关责任人进行处罚，包括警告、罚款、职务调整、解聘等。这一过程中，必须确保问责的程序公正、透明，不得出现任意处置或不公平的情况。

（3）公开透明，强化社会监督

在法治手段的保障下，确保岗位职责的落实需要增强透明度，让社会与群众参与监督。在许多公共部门或企业中，可以通过制定相关法规要求定期公开岗位职责落实情况，并接受公众监督。公开透明的考核结果能够促使干部和员工更加重视责任的履行，确保工作效能的最大化。

4.确保岗位责任制的动态调整与完善

（1）动态反馈机制

随着社会发展和工作内容的变化，岗位责任也可能会发生调整。因此，岗位责任制的实施需要具备一定的灵活性和动态调整机制。通过定期反馈和评估机制，发现和纠正岗位职责中的不合理之处或盲点，确保岗位职责不断适应组织的需求与变化。

（2）岗位职责与激励机制结合

责任落实机制的健全不仅是为了确保每个岗位的任务完成，还需要将激励机制与岗位职责紧密结合。通过设立完善的激励机制（如绩效奖金、晋升机会等），激发干部职工的责任感与工作积极性，增强责任履行的内在动力。

（3）加强法治教育与培训

法治思维的培养与普及在责任落实中同样至关重要。应定期开展法治教育与培训，特别是在党政机关和基层组织中，通过法治培训提升干部职工的法律意识和责任意识，确保他们在日常工作中能够依法行事，做到责任落实有据可依、执行有力可行。

健全岗位责任制，明确各岗位职责边界，不仅是提高工作效率、增强责任感的关键步骤，也是防范责任推诿、促进高效治理的重要手段。通过法治手段，结合组织内外的监督与激励机制，可以确保岗位责任的落实到人。同时，岗位职责制的动态调整与完善，确保了制度的长久有效性。只有在法治框架下实施这些措施，才能实现全员参与、责任明确、政务高效的管理体系，为组织的健康稳定发展提供坚实保障。

（二）完善履职监督机制，强化责任追究

1. 建立健全履职监督机制

（1）明确监督责任主体

履职监督首先要明确监督主体。通常，履职监督主体包括党组织、纪检监察机构、行政管理部门、审计部门以及社会公众等。党组织应担负起全面领导责任，确保履职监督贯穿于干部工作各个环节；纪检监察机构负责专门监督，及时发现和纠正问题；审计部门通过财务审计、工程审计等手段，审查决策执行的效果；社会公众和媒体则作为外部监督力量，确保监督的全面性与有效性。

（2）细化监督机制的法律框架

在法治框架下，履职监督机制的建设需有明确的法律依据。可以通过地方性法规、行政规章、党内规定等对干部履职行为进行规范，并为监督提供明确依据。例如：

①地方性法规与政府规章：制定针对干部履职行为的规范性文件，明确公务人员应履行的职责和行为规范。

②党内规章制度：通过党章、党规以及相关廉政规定，加强对党内干部的监督，确保党内干部的行为符合党的纪律要求。

③公开透明的监督机制：通过公开透明的监督机制，确保每一位干部的工作过程和结果都受到合法监管，强化外部监督，提升监督的公正性和效果。

（3）信息化监督平台建设

信息化技术的应用对于履职监督具有巨大的提升作用。可以通过建立数字化履职监督平台，实时追踪干部履职情况。例如，建立电子化的履职报告制度，定期收集干部的工作进展信息，并对照工作目标进行实时监督；利用大数据、云计算等技术分析干部履职过程中的潜在问题，及时向监督部门报告，形成动态监督机制。

2.强化责任追究制度

（1）明确问责机制和标准

履职监督的关键在于追责制度的严格落实。要根据具体情况明确不担当、不作为、慢作为、乱作为等行为的问责标准，设立明确的惩罚措施。通过制定详细的问责标准，清晰界定何种行为属于不履行职责，并对每种行为设定相应的责任追究方式。

①不作为与慢作为：应结合具体工作指标，明确工作时限，超期不完成或无故拖延的要进行问责。

②乱作为：对于擅自决策、滥用职权、破坏规定程序的行为，需及时纠正并进行纪律处分。

③不担当：在面对复杂情况或困难时不敢担责、不敢决策，甚至推诿责任，也应视为履职不力，进行严肃处理。

（2）建立多元化问责方式

责任追究不仅停留在纪律处分层面，还应结合工作实际，通过多种方式追究责任：

①组织处理：包括党内处分、降职、调岗等方式，适用于严重违纪行为。

②行政处罚：对于公务员等行政人员的失职行为，可以结合工作任务和行政责任，对其进行行政问责。

③法律追究：对于触犯国家法律法规，造成严重后果的失职行为，应依据法律进行追责，特别是涉及职务犯罪时，需要依法追究刑事责任。

（3）设立倒逼机制

在责任追究的过程中，建立倒逼机制是确保干部履职尽责的关键。通过多层次的责任追究，形成自上而下、层层监督的倒逼效应。

①定期考核与反馈：通过定期的履职考核，及时发现干部在履职过程中存在的问题，并反馈给相关部门，形成对干部的压力。

②绩效与责任挂钩：将干部的工作成绩与责任追究紧密结合，确保不作为的行为能够直接影响其绩效考核和晋升。

③社会监督和媒体监督：通过公开透明的问责结果，让社会公众和媒体参与其中，对不负责任的行为形成舆论压力。

3.运用法律手段严肃追责

（1）法律保障责任追究

在追究干部责任时，必须有法治作为保障。通过法律的手段保障问责过程的公平、公正、透明。依据《公务员法》《行政监察法》《中国共产党纪律处分条例》等法律法规，确保责任追究的依法依规，避免在责任追究过程中出现随意性和偏差。

明确法律依据：每一项责任追究都应当有明确的法律依据，确保问责不偏离法治轨道。

加强法律教育与培训：干部在日常工作中要接受法律意识和法治观念

的培训，形成尊法守法的自觉性。通过法律培训提升干部依法办事的能力和责任意识。

（2）强化司法监督

对于涉及法律责任的行为，必须在法治框架内追究责任。例如，涉及职务犯罪、渎职犯罪等违法行为，应当通过司法途径追究法律责任。通过加强司法监督和司法程序的公开性，确保对干部不作为、乱作为的责任追究具有法律效力。

（三）构建容错纠错机制，鼓励担当作为

1. 明确容错纠错机制的法律与制度基础

（1）容错纠错机制的法治依据

容错纠错机制首先需要有明确的法律与制度依据。要通过法律法规明确容错的范围、标准和程序，确保这一机制不是"空洞"的，能够切实保障那些勇于创新和承担责任的干部。

①法律框架的建立：政府及党内规定应明确规定在特定的工作领域中，容错机制适用的条件。例如，在改革创新等风险较大的领域，允许干部在一定范围内犯错，但要建立纠错程序，防止错误积累。

②容错的适用范围：容错不仅是宽容失误的表现，还应当明确容错的具体情形，比如涉及政策创新失败、初步尝试的项目进展滞后等，在未造成严重后果的前提下，允许有一定程度的失误或暂时性失败。

（2）容错与责任追究的结合

容错纠错机制不能简单等同于免责。它应当与责任追究机制并行，以避免责任逃避的现象发生。容错机制只是对失误给予合理宽容，关键是要明确在合理的容错范围内，干部依然应当承担基本的管理责任。

①分清故意与非故意失误：在容错机制中，应该清晰区分因疏忽、经验不足或外部因素导致的失误与故意失职、违法违规等行为。对于故意的

不当行为，依然应当严格追责；而对于非故意的失误，可以通过纠错机制进行修正，并给予适当宽容。

②明确失误纠正标准：对于可以容错的行为，应该明确纠错的途径和标准。如果错误可以通过调整政策或优化措施改正，应当及时进行修复，并为相关干部提供技术支持和政策指引。

2.容错纠错机制的构建路径

（1）设立容错纠错的专门机制

容错机制的建设需要形成专门的制度体系。具体来说，可以通过建立专门的容错纠错委员会或工作小组，负责对错误行为进行评估、分类和决策，确保容错纠错的公正性和透明性。

①容错评估机制：每当出现失误时，容错纠错委员会需要根据具体情况进行评估。评估内容包括错误的性质、背景、可能带来的后果等，确保判断的公正性。

②纠错工作流程：一旦确认错误发生，应设立明确的纠错流程，包括错误纠正、整改措施以及后续监测。通过制定纠错方案并及时执行，防止错误扩大化。

（2）宽容失误，激励担当作为

容错机制的核心目标是鼓励干部担当作为。因此，容错机制不仅是宽容错误，还应当激励干部勇于创新。

①容错不等于纵容：容错不意味着纵容失误，应在容错的同时，采取合理措施弥补错误所造成的影响。例如，在改革试点过程中，容错机制可以减轻对失败的惩罚，但仍然要及时调整政策或实施补救措施。

②宽容创新与承担责任：要明确将容错机制与创新激励机制结合起来，鼓励干部在面对重大问题时敢于尝试新方法、打破旧框架，哪怕面临失败的风险，也要给予宽容。尤其是在一些社会改革、经济发展等领域，需要勇于破局的干部。

（3）建立正向激励与容错相结合的机制

在容错机制中，除了宽容失误，还应结合正向激励。对勇于创新、积极担当的干部，除了给予容错，也要给予奖励，如通过表彰、职务晋升、项目支持等形式，激发干部的创新精神和责任感。

①创新鼓励政策：对于在承担重大任务、改革措施或复杂项目中，敢于担当、敢于冒险的干部，可以通过创新奖、个人业绩奖等方式给予奖励，形成正向激励。

②容错机制的心理激励：除了物质激励，还应当通过心理激励鼓励干部面对风险。树立"失败是成功之母"的理念，让干部理解创新过程中可能出现的失误是成长和进步的必要部分。

3.容错纠错机制的实施与监督

（1）实施容错的透明化与公正性

容错机制的实施必须确保公正透明。应通过公开通报容错决定、形成公示制度，保障干部和社会公众对容错机制的理解和信任。同时，容错过程中要避免形式主义，确保决策依据充分、程序规范。

①定期审议与公开透明：对容错机制的决策要定期审议并向社会公开，增强机制的透明度，避免出现"优亲厚友"或失职不追责的情况。

②公平公正的操作流程：在容错决策过程中，必须确保所有干部处于平等的地位，避免受到外部干扰或个人关系的影响。

（2）纠错过程中的领导与干部配合

在纠错过程中，领导干部应当及时作出指导，督促下属整改并参与实施改进措施。同时，普通干部也应积极参与，提出建设性意见，协助改进工作。通过上下互动、共同努力，确保纠错措施的有效性。

领导责任与干部反馈机制：领导干部要对容错与纠错的实施承担一定责任，确保容错机制的正确执行；同时，通过员工的反馈机制，了解干部的实际困难，及时作出调整。

（3）监督和评估机制

容错纠错机制应当定期进行监督与评估，确保其落实效果。监督评估应由纪检监察部门、党组织和审计机关共同实施，确保整个容错纠错流程在法律和纪律框架内进行。

①定期评估机制：每年定期对容错纠错机制进行效果评估，特别是评估容错机制对干部创新、担当意识的提升效果，并提出改进方案。

②外部监督机制：可以结合社会监督、媒体监督等外部机制，增加容错纠错机制的透明度和公正性。

二、锤炼务实作风，让求真务实"修身立基"

（一）精简会议文件，规范督查检查

1.规范会议文件管理

（1）法律法规明确文件和会议管理的基本原则

要通过法律法规和行政规章制度对会议和文件管理进行规范，明确会议和文件的审批、发布、管理、存档等方面的要求。重点在于：

①文件和会议的审批流程：要明确所有会议和文件的发起、审批、执行程序，确保每项会议和文件的必要性及实效性，避免无效的会议和文件浪费资源。

②文件与会议的必要性审查：针对会议和文件的数量进行严格审查，确保其内容切实解决工作中的问题。特别是对重复性、形式化的文件和会议要减少。

（2）规范会议文件的编制标准与质量

①文件简明扼要：针对会议文件应制定统一的编写标准，要求简洁、清晰，避免过度重复和冗长内容。文件的主题应明确，内容不应包含无关

或次要的信息。

②会议内容聚焦实效：会议内容要针对实际问题，避免无关议题和重复讨论，确保每次会议都有具体任务和目标，确保会议时间的高效利用。

（3）加强会议和文件审批的法律监管

通过制定相关法律和规章，对会议和文件的审批权限和责任进行明确划分。可以设立专门的监督机构，对会议和文件的批准流程进行监督，确保规范操作。

①权限制约：确保每一项会议和文件的发布都有具体责任人，并设有明确审批权限，避免无关部门和人员干预。

②监督机制：定期审查会议和文件的发布情况，强化对不必要、低效会议文件的审查，并采取纠正措施。

2.严格控制督查检查频次和范围

（1）立法和制度保障督查检查的规范性

要通过法治手段对督查检查的规范性进行保障。可以通过制定相关法规，明确督查检查的目标、频次、方法和程序，避免出现频繁重复、形式化的督查检查。具体包括：

①明确督查检查的目的与标准：每次督查检查必须明确其目的、重点领域和标准，确保其针对性强、具有实际价值，避免单纯形式化的检查。

②设定检查频次限制：根据法律规定的工作周期或工作重点，设定每项工作领域的督查检查频次，避免过多过滥的检查给基层造成负担。

（2）减少重复性督查检查，精简工作流程

①一站式检查机制：为了减少重复检查，可以建立跨部门协同检查机制。一项工作只需由一个部门统一负责检查，避免多头检查，减少基层重复应对。

②精简检查内容：对各类督查检查的内容进行精简，只检查关键指标和任务，避免过于烦琐的细节审查，确保每一次督查检查都有针对性和可

操作性。

（3）督查检查的结果公开与责任追究

①公示督查检查结果：对督查检查的结果进行公示，确保透明度，避免一些无效或形式化的检查影响基层干部的工作积极性。

②责任追究机制：对频繁重复、过度督查检查的行为，设立相应的责任追究制度，明确不必要检查的责任人，并进行问责。通过问责机制形成倒逼效应，减少不必要的检查和会议。

3.推动简政放权，形成精简高效的行政管理体系

（1）改革行政审批制度，简化工作流程

除了规范会议和督查检查，还应通过法治手段进一步简政放权，优化行政审批流程，避免不必要的行政干预。

①简化审批程序：明确行政审批的法律程序和审批标准，避免基层干部因过多的审批程序而受到过度干扰。

②下放权力，减少层层审批：在不影响治理效能的前提下，合理下放权力，减少不必要的层级审批，使基层干部能够更高效地推动实际工作。

（2）建立清晰的工作任务清单，避免重复工作

各级政府和党组织应结合法治思维，明确基层的职责与任务，避免过度的任务下达和重复工作。

任务清单化：明确任务责任人和目标，不允许一项任务被多次分配或重复布置。建立任务完成时限、质量标准和考核体系，确保任务目标的清晰性和执行的实效性。

（3）提升工作协同效能，避免部门职责交叉

在工作实施过程中，通过法治手段优化部门间的协作，减少因职责不清导致的重复检查和审批。

①跨部门协作机制：设立跨部门工作协作机制，统一分配任务和责任，确保部门间无缝衔接，避免不必要的工作重复。

②法律明确职责界限：通过法律规定，明确各部门职能与责任的分配，避免职能重叠和过多的检查任务。

4.建立监督和评估机制，确保政策落实效果

（1）开展专项审计与评估

通过对会议文件和督查检查的专项审计与评估，确保政策落地效果。定期评估政策实施后对基层的影响，查找问题并进行修正。

①评估机制：每年或每季度开展专项评估，检查减少会议和检查对基层的实质影响，确保减负效果的落实。

②反馈机制：建立反馈渠道，基层干部和民众可以对会议和督查检查的效果提出意见，进行综合评估和调整。

（2）强化社会监督与舆论监督

除了内部监督，还要引入社会监督和舆论监督，确保各项减负政策的落地。

①公众参与：通过设置公开平台，鼓励群众和社会各界对政府行为进行监督，提出合理化建议。

②舆论引导：通过媒体和舆论引导，关注基层干部的工作负担问题，推动全社会共同关注和改进。

（二）优化工作流程，提升服务效能

1.运用法治思维优化基层工作流程

（1）明确法律框架，保障流程规范化

在优化工作流程时，必须遵循法治原则，确保流程的规范化和合法性。通过制定和完善相关法律法规，明确各类行政审批、服务事项的办理流程和标准，为优化工作流程提供法律依据。

法律明确责任：通过法律明确各类行政审批的责任主体、时间节点和办事要求，确保每一环节都有法可依，减少自由裁量的空间，避免不必要

的程序和拖延。

简化审批流程：在符合法律规定的前提下，通过优化审批程序和简化办事环节，减少不必要的行政手续和层级，避免多部门交叉审查和重复审批，从而提高办理效率。例如，通过整合跨部门的审批流程，采取一站式服务模式，实现多个环节的并联处理和信息共享。

（2）制度化公开透明，促进政府信息化建设

运用法治思维推动政务公开和透明化，确保基层办事流程和政策规定公开、公正、可监督。通过建立健全的信息公开制度，政府服务事项、办事流程、审批时限等信息应向社会和公众开放。

①建设政务平台：通过搭建统一的政务服务平台（如"一网通办"），为群众提供在线查询、办理和监督的功能。利用数字化手段实现行政审批流程的公开透明，避免部门之间的信息孤岛，减少"人情"干预，增强办事的公正性和透明性。

②推动信息共享：推动部门间信息共享，减少基层工作人员的重复录入和验证工作，提升行政效率。通过共享平台，基层单位可以方便地查询相关的背景信息，避免信息滞后或不一致，降低错误发生的可能性。

（3）优化法规流程，提升基层法律服务效率

法治思维可以帮助厘清权责边界，明确基层干部在处理事务时的责任与权限，避免"推诿扯皮"现象。通过加强基层法律服务建设，提供专业的法律咨询和服务，帮助基层单位高效开展各项工作。

简化法律程序：针对基层干部的实际情况，简化法律审批和政策落实的程序。例如，推行便捷的法律咨询渠道，简化法律事务的审批流程，帮助基层更快速地处理民生问题。

2. 创新服务模式，提高办事效率

"一网通办"和"最多跑一次"服务模式的推行，可以有效缩减基层办事的时间和流程，提高群众办事的便捷性。基于法治思维，这些模式不

仅要关注行政效率的提升，还要确保服务过程中依法依规，保障群众的合法权益。

（1）优化办事流程，提升行政效率

①"一网通办"：通过建设集成化政务平台，群众和企业可以通过网络直接办理各类行政审批、社保查询、税务缴纳等事项，减少线下排队和等待时间。这一模式通过互联网技术实现信息共享、流转和实时更新，减少了烦琐的线下办理环节。

②"最多跑一次"：通过优化基层办事流程，尽可能将基层办事事项的办理时间缩短至一次性完成，即便需要多个部门审批，也尽量做到群众"只跑一次"，或通过代办、代送等方式提升效率。

（2）增强法治保障，确保服务公平

为了确保这些新型服务模式的可持续性和公正性，需要通过法治保障基础设施建设和服务模式的规范化。例如，制定明确的法律标准，保障信息安全、个人隐私以及办事过程的公正性。通过法治手段，确保这些新模式在保障群众利益的同时，能够最大限度减少腐败风险和行政干预。

法律保障"最多跑一次"：设立具体法律条文，规定各级政府部门应按照法律和行政规定，优化服务流程，明确"最多跑一次"的办理标准和时限。同时，建立投诉和监督机制，保障服务过程中的权益不受侵害。

3.加强基层干部的培训与监督

（1）开展法治培训，增强法治意识

基层干部是落实各项行政服务和政策的重要力量，增强基层干部的法治意识和依法办事能力是提升工作效率的关键。应定期组织法治培训，加强干部的法治思维教育，特别是在法律、政策及服务流程方面的专业培训。

①培训内容覆盖法治基础：包括行政法、民法、税务法等领域的基本知识，增强干部依法行政的能力。

②加强工作流程的法治化管理：帮助干部了解如何在法律框架内优化办事流程，避免因不熟悉流程而导致的失误。

（2）健全监督机制，防止不作为和乱作为

在优化基层服务的同时，应强化对基层干部的监督，确保政策的执行力。通过建立常态化的监督机制，确保干部履职到位，避免"懒政"现象。

推动责任追究机制：对于基层干部未按流程办理业务、违反相关法规等行为，应该进行责任追究。对不依法依规办理事项的行为进行严格监管，确保办事流程的公正和高效。

第三节　实干担当砺能，增强基层减负的内生动力

一、基层工作面临的现实挑战

随着社会的发展和经济的变化，基层工作的任务和要求日益复杂化。基层干部的能力和素质是否能够跟上新形势下的要求，已经成为基层治理体系和治理能力现代化的影响因素。在这一背景下，基层工作面临诸多挑战，主要表现为任务复杂性与干部能力素质的不匹配、专业化能力的不足以及创新意识的缺乏等问题。

（一）基层工作任务复杂性与干部能力素质不匹配的矛盾

随着国家政策的不断深化和社会需求的多元化，基层工作越来越呈现出复杂性、多样化的特点。尤其是在经济、社会管理、民生保障、生态环保等领域，基层任务的多重性和精细化要求越发突出。这些任务不仅涉及政府的职能管理，还涉及民生福祉、社会稳定等多个方面，需要基层干部具备较强的综合能力。

然而，一些基层干部在面对日益复杂的任务时，能力素质与任务要求之间的矛盾逐渐显现。这种能力素质的不足表现为多个方面：

1. 应对复杂问题的能力不足

基层干部面临的很多问题，不再是单一领域的事务性问题，而是涉及多领域的综合性、跨部门的复杂问题。面对这些问题，一些基层干部在分析问题、制定解决方案、跨部门协调等方面显得力不从心，导致工作效果不理想。

2. 专业知识和政策理解不到位

新形势下的政策不断推陈出新，但部分基层干部的专业知识和政策理解尚未得到及时更新，导致其在执行政策时难以准确把握政策意图，甚至产生执行偏差，影响基层治理效果。

3. "本领恐慌"普遍存在

一些基层干部在面对新任务、新问题时，产生了"本领恐慌"的情绪，缺乏足够的知识储备和技能，难以有效地应对新的挑战。这种现象在少数基层干部中尤为明显，影响了政策落实和工作效率。

这一矛盾揭示了基层干部在能力素质上存在瓶颈，必须通过不断提升干部的综合素质，特别是针对基层工作任务的新要求，进行有针对性的培训和提升，弥补这一矛盾。

（二）专业化能力不足容易导致基层工作效率低下

基层工作往往涉及复杂的社会问题和公共管理事务，需要较强的专业化能力。然而，一些基层干部缺乏必要的专业知识和专业技能，导致工作效率低下，且工作质量不高。基层干部的专业化能力不足，具体表现为：

1. 专业知识的缺乏

一些基层干部的专业背景单一或过于局限，缺乏对社会治理、公共管理、法律法规、经济政策等领域的深刻理解和专业化操作能力。面对新的治理需求，他们往往缺乏处理复杂问题的专业方法和技巧。

2. 专业技能的匮乏

在现代社会中，基层工作越来越多地依赖现代化技术手段和工具，如大数据分析、社会网络管理、电子政务平台等。然而，部分基层干部缺乏这些专业技能，导致工作中缺乏技术支持，影响了工作效率和质量。

3. 专业方法的不足

基层工作不仅需要政治能力，还需要较强的社会工作能力、调解能力和公共服务能力。一些基层干部在这些方面的能力不足，导致他们在处理矛盾、解决群众问题时常常左支右绌，无法高效解决问题。

这种专业化能力的不足，不仅加重了基层干部的工作负担，而且直接影响基层治理体系和治理能力的现代化，降低了行政效能。因此，提升基层干部的专业化能力，尤其是在数据管理、信息化技术、法律法规等方面的能力，是提升基层工作效率的关键。

（三）创新意识不足容易制约基层治理模式创新

随着社会的发展和人民群众需求的不断变化，基层治理的模式也应不断创新，以适应新的形势。然而，一些基层干部的创新意识和创新能力不足，成为制约基层治理模式创新的重要因素。

1. 创新意识薄弱

一些基层干部的工作思维比较传统，缺乏创新意识。受到体制和环境的制约，他们往往遵循既定的工作模式，缺乏对新问题、新挑战的深入思考和创新尝试。这种路径依赖性使得基层治理模式无法与时俱进，导致基层治理效率低下。

2. 改革创新的动力不足

在一些地方，基层干部面对创新和改革时存在一定的抵触情绪，主要原因是担心新模式的实施过程可能带来不确定性，甚至影响个人政绩和升迁。因此，一些干部在执行创新政策时，倾向于选择风险较小、容易操作的传统模式，缺乏变革的勇气和创新的动力。

3.创新支持体系不健全

即使基层干部有创新的意识，如果缺乏充足的支持和保障机制，例如创新所需的政策支持、资源配置、技术指导等，这也将使得创新思维难以转化为实际的治理模式创新。

4.基层工作负担过重

基层干部普遍存在工作压力大、任务繁重的现象，一些干部并没有足够的时间和精力去思考和实施创新举措。相反，他们更倾向于按照既定的方式完成工作，以应对各种上级检查和考核，导致创新的积极性和可能性受到压制。

基层治理的创新是推动社会进步和提升治理能力的重要途径。要克服基层干部创新意识不足的问题，需要加强干部的创新培训，激发他们的创新思维，同时完善政策支持和资源保障，推动基层治理模式的创新与升级。

二、强化能力培训，提升干部履职能力的法治支撑

基层干部的履职能力是确保基层治理和社会管理高效、规范运行的核心要素。为了提升干部的履职能力，必须通过系统化的培训、实践锻炼和激励机制相结合的方式，为基层干部提供全方位的能力提升保障。尤其是在当前基层治理现代化的过程中，法治思维和法治保障至关重要，可以为干部的能力提升提供有力的支撑。

（一）构建系统化培训体系，提升专业化能力

构建系统化、精准化的基层干部培训体系是提升干部履职能力的基

础。随着社会的变迁，基层干部所面临的任务和问题越来越复杂，对其专业知识、技能、方法等方面的要求也在不断提高。因此，必须有针对性地构建培训体系，以确保干部的能力得到全面提升。

1.培训内容的精准化与专业化

基层干部的培训内容应根据岗位的不同、层级的差异以及工作职责的特点进行精准设计。对于基层一线的干部，培训应注重其与群众的沟通、政策执行、社会治理等基础性技能的提升；对于中层干部，培训应重点提高其管理、协调、决策和组织能力；而对于高层干部，则应注重战略性思维、宏观治理以及综合性领导能力的培养。此外，培训内容还应涵盖法律法规、行政管理、公共政策、社会管理等专业领域，以帮助干部系统地掌握相关领域的知识。

2.多层次、全覆盖的培训体系

构建层次化的培训体系，分别为不同层级的干部提供定制化的培训计划。基层干部培训应从基础知识入手，逐步提高到复杂问题处理能力；中层干部则需要培训领导力和管理能力；高级干部应强化战略眼光和跨部门协调能力。同时，培训应兼顾干部的不同发展阶段，从新任干部的入职培训，到资深干部的继续教育，确保每一阶段的能力需求都能得到满足。

3.线上与线下相结合的灵活培训方式

随着信息化的推进，基层干部的培训方式也应更加灵活多样。可以通过网络平台开展远程培训，利用大数据、在线课堂、视频学习等方式，打破时间和空间的限制，为干部提供随时随地的学习机会。同时，也要加强线下培训，结合现场学习、模拟演练、互动讨论等形式，提升培训的实际效果。

（二）注重实践锻炼，提升解决实际问题能力

实践锻炼是提升干部能力的关键环节。知识和技能的学习固然重要，

但如何将其转化为实际工作中的能力，特别是在复杂问题和困难情境中的应变能力，才是干部能力的真正体现。

1.深入基层一线，增强实战经验

干部必须通过深入基层一线，了解群众需求，面对复杂的社会管理问题，培养解决实际问题的能力。基层工作中，许多决策和执行任务常常需要面对群众利益的平衡、政策执行的困难以及突发事件的应对。通过将干部派驻到实际工作环境中，能够帮助他们通过实践积累经验，提升问题解决能力。

2.通过项目实训和"挂职锻炼"机制，增强实操能力

通过项目实训和挂职锻炼，让干部在实际的社会管理和政府项目中担任具体职务，亲身参与问题解决和决策执行过程，从中锤炼思维方式、工作方法、团队协作等能力。项目实践能够加深干部对基层治理复杂性的理解，提升他们面对问题时的应对能力和解决方案的制定能力。

3.创建多元化实践平台，促进跨部门合作

除了单一的基层实践外，还应鼓励干部通过跨部门、跨区域的合作与交流，拓宽视野，学习先进经验，借鉴成功案例。在实践中，基层干部能提升协作能力，增强跨界思维，真正实现以问题为导向的工作方法。

4.加强领导力培养，促进决策能力提升

实践锻炼不仅在于技能和专业知识的提升，还应注重领导力的培养。基层干部在面对复杂问题时，需要在有限的信息和资源下做出迅速而果断的决策。通过实践的锻炼，帮助干部提高应急管理、快速决策和团队引导能力。

（三）完善激励机制，激发学习动力

激励机制在干部能力提升过程中起着至关重要的作用。通过设立科学的激励机制，可以激发干部主动学习、不断进步的动力，推动培训和学习

成果的转化。

1.将学习成果与干部考核挂钩

为确保干部能够从根本上重视学习和培训,必须将学习成效与干部的绩效考核紧密挂钩。通过定期评估干部在培训后的工作表现,评估其学习成效并与晋升、奖金、职务等相关利益挂钩,激励干部不断提升自己的履职能力和专业水平。

2.实施分层次的奖励机制

对在培训中表现突出的干部,应该给予一定的奖励或荣誉,进一步激发他们的学习积极性。奖励可以是金钱奖励、晋升机会、社会认可等多种形式,帮助干部树立长期学习的意识,并激励他们不断追求卓越。

3.打造"学习型党组织"

在党组织层面,创建学习型党组织是强化干部学习动力的重要途径。党组织应提供系统的学习资源和平台,组织定期的学习活动、知识竞赛、经验分享等,鼓励干部在组织内进行自我提升。同时,党组织应为学习成果突出的干部提供更多的展示机会和发展空间,形成良性循环。

4.加强自我激励与内生动力的培养

除了外部的激励措施外,内生动力的培养同样重要。通过心理疏导和工作中的榜样引领,鼓励干部树立终身学习的理念,增强自我提升的意识。在工作实践中激发干部的成就感和责任感,让他们通过提高自身能力感受到成长的满足和价值实现。

基层干部的履职能力提升需要通过系统化的培训、实践锻炼以及激励机制相结合的方式来实现。法治支撑在这一过程中起到了保障作用,特别是在制度设计和实施过程中,应明确将干部的学习和能力提升纳入法治化的框架,确保培训体系和激励机制的科学性和公平性。通过这些手段,基层干部不仅能够提高解决实际问题的能力,还能更好地适应新时代的工作需求,为社会治理和经济发展做出更大贡献。

三、激发奋斗精神，提升基层治理效能的法治引擎

基层治理效能的提升离不开基层干部的奋斗精神和工作热情，而法治引擎则能为这种精神的激发提供强有力的保障。通过健全法治保障机制，营造干事创业的良好环境，发挥榜样示范作用，并完善考核评价机制，可以有效激发基层干部的积极性、创造力和责任感，促进基层治理的高效开展。

（一）营造干事创业的良好环境

一个积极向上的工作环境是激发基层干部干事创业热情的重要基础。法治手段在此过程中起到了制度保障、权责明确、正义公平等多方面的作用。

1.明确责任与权利，保障基层干部的合法权益

通过法治手段明确基层干部的职责、权限与义务，确保每一位干部都能够在合法的框架内履职尽责。法律应保障干部在履行工作职责时的基本权利，避免不必要的行政干预和外部压力，使干部能专心工作，不受外界不合理限制。同时，法律还应保障干部因执行公务而受到的保护，避免出现因错误决策而遭受不公平惩罚的情况，激励干部敢于担当、勇于作为。

2.宽容失误，创造容错机制

法治环境下，应建立科学合理的容错机制。在基层治理中，干部难免在处理复杂问题时出现失误。通过法律程序确保在干部合理失误的情况下，能够有改正和调整的机会，避免简单粗暴的惩罚措施。容错机制不等于宽容不作为，而是鼓励干部在实际工作中敢于创新，敢于试错，并在遇到问题时能够及时纠正，从而激发创新活力。

3.激励机制的法治保障

制定与落实科学合理的激励政策，鼓励基层干部在工作中敢于拼搏、

敢于担当。通过法治手段确保激励机制的公平性和透明性，为表现突出的干部提供晋升、奖励等机会，增强干部的工作动力。激励机制应结合实际情况，量化工作目标，设立奖惩标准，并通过法治保障干部的晋升机会和相应奖励。

4.简化行政程序，减轻基层负担

通过法治手段优化行政审批和工作流程，减少不必要的程序性障碍，给基层干部提供更大的自主空间和决策权。简化流程不仅有助于提高工作效率，还能使基层干部能够更多地关注实质性工作，集中精力推动基层治理，创造更大的社会价值。

（二）发挥榜样示范作用，引领奋斗风尚

榜样的力量是无穷的，基层干部的奋斗精神往往受到身边榜样的激励。法治手段在此过程中通过保障表彰机制的公正性与透明性，推动了榜样的示范作用。

1.通过法治化手段规范干部表彰和奖励制度

通过法律制度保障表彰和奖励工作的公平性、公开性和透明性，确保优秀干部能够得到应有的认可和奖励。将干部的业绩评价、贡献程度与奖励机制紧密挂钩，推动基层干部在平凡岗位上默默奉献，通过榜样的力量传播干事创业、无私奉献的精神。

2.注重典型案例的宣传和推广

通过媒体、报告会等方式，将优秀干部的事迹广泛宣传，确保榜样的事迹和精神能够为更多基层干部所知晓。通过法治手段保护优秀干部的个人隐私和合法权益，同时通过平台的传播确保其事迹能够成为激励他人的"风向标"。宣传不只限个人的表彰，还应通过法律支持保障其事迹和工作理念得到有效传递和推广，形成社会共识。

3.构建长效机制，确保榜样作用的持续性

通过法治制度化、规范化地设置榜样选拔标准，建立长效的激励机制，确保榜样作用的持久性。通过设置定期评选和动态调整机制，确保能够持续发现并培养新的榜样，以不断激励基层干部的奋斗精神。

（三）健全考核评价机制，激励担当作为

考核评价机制是推动干部履职尽责、提升工作效能的重要手段。法治在此过程中能够确保考核评价的公正性、透明性和规范性，使之成为激励担当作为、实干实绩的重要手段。

1.突出实绩导向，合理评价干部绩效

要明确考核评价的重点，转变过去以形式主义为主的评价模式，注重实干实绩。通过法治手段规范考核标准，将基层干部在治理效能、社会服务、群众满意度等方面的实际成效作为主要评价标准。在考核过程中，法律要保证评价过程的公正、透明，防止主观偏见和不合理干扰。

2.完善考核程序，保障公正透明

通过法治化程序规范考核机制的实施，确保考核过程的公开性和透明性。建立合理的反馈和申诉渠道，保障被考核干部的基本权益。通过法律手段，确保考核的科学性、公正性，并将考核结果与干部的职务晋升、奖励、培训等直接挂钩，激发干部的干事热情和创新动力。

3.通过奖惩机制激励担当作为

对于表现突出的干部，依法给予相应的奖励，并通过法治程序确保奖励的公平、公正、公开；对于不履行责任、推诿扯皮、不作为或慢作为的干部，则依法进行问责。通过奖惩并举的机制，形成"担当有奖、不作为有罚"的激励效果，增强基层干部的责任感与使命感，进一步促进工作效能的提升。

4.多维度、多层次的考核评价体系

在基层干部的考核评价中，不仅要关注工作实绩，还要综合考虑干部的工作态度、创新能力、协作精神等多维度因素。通过法律框架设计并实施多层次的考核标准，使得干部的考核更加全面，更能反映其综合能力和实际贡献。

法治在激发基层干部的奋斗精神、提升基层治理效能方面起到了核心作用。通过法治手段营造干事创业的良好环境，规范榜样引领作用，健全考核评价机制等措施，可以有效激励基层干部担当作为，增强工作热情和创造力。最终，通过这些措施的落实，基层治理效能将得到显著提升，为社会的和谐稳定和国家的长治久安提供强大的法治支撑。

第八章　党建引领，构建基层减负新格局

　　党的二十大报告明确提出，要坚持大抓基层的鲜明导向，推动党建引领基层治理现代化。这一重要论述为新时代基层治理工作指明了方向。党建引领基层治理是加强基层党建、推进基层治理现代化的重要制度安排，其核心在于坚持人民至上、依靠人民，彰显公平正义和社会善治的价值追求。法治赋能基层治理，既需要通过党建引领强化基层治理的组织保障，也需要发挥群众的主体作用，筑牢基层治理的社会基础。将党建引领、法治赋能和群众参与有机结合，能够有效减轻基层负担，提升基层治理效能，从而为人民群众创造更高质量的美好生活。

第一节　党建引领基层治理，构建基层减负的组织保障

　　中国共产党是中国特色社会主义事业的领导核心，党的领导是中国特色社会主义最本质的特征，是中国特色社会主义制度的最大优势。基层党组织是党在社会基层组织中的战斗堡垒，是党联系群众、服务群众的桥梁和纽带，是党的全部工作和战斗力的基础。加强党对基层治理的全面领导，发挥基层党组织的战斗堡垒作用和党员的先锋模范作用，是推进基层治理体系和治理能力现代化、实现基层减负增效的根本保证。

一、党建引领的核心作用

党建引领基层治理，不是简单地把党建工作与基层治理工作相加，而是要发挥党组织的政治优势、组织优势和群众工作优势，把党的领导贯穿基层治理的全过程和各方面，为基层减负提供强有力的组织保障。

（一）强化方向引领

基层治理涉及面广、任务繁重、情况复杂，容易出现方向不明、目标不清、措施不力等问题。党建引领基层治理，就是要发挥基层党组织的政治核心作用，把党的政治建设摆在首位，确保基层治理始终沿着正确的方向前进。

1.把准政治方向

基层党组织要坚持以习近平新时代中国特色社会主义思想为指导，深入学习贯彻党的路线方针政策，确保基层治理工作符合党中央的要求，符合人民群众的根本利益。

2.制定发展规划

基层党组织要根据本地实际情况，制定符合当地发展实际的基层治理规划，明确发展目标、工作重点和具体措施。

3.推动政策落实

基层党组织要发挥战斗堡垒作用，将党的政策、法治理念和群众需求有机结合，推动党的各项政策在基层落地生根，转化为具体的治理实践。

4.加强思想政治工作

基层党组织要加强对基层干部和群众的思想政治教育，引导他们树立正确的价值观，增强法治意识，自觉参与基层治理。

5.防范化解风险

基层党组织要发挥政治优势，及时发现和化解基层治理中的各种风险隐患，维护社会和谐稳定。

（二）统筹工作资源

基层治理涉及多个部门、多个领域，需要统筹协调各方资源，形成工作合力。基层党组织具有总揽全局、协调各方的独特优势，能够有效整合多方资源，避免多头管理和重复性事务，减轻基层干部的工作负担。

1.整合资源

基层党组织要发挥领导核心作用，整合辖区内的各种资源，包括人力资源、物力资源、财力资源、信息资源等，为基层治理提供有力保障。

2.协调关系

基层党组织要协调辖区内各部门、各单位之间的关系，形成工作合力，避免相互推诿扯皮，提高工作效率。

3.优化配置

基层党组织要根据基层治理的实际需要，优化资源配置，将有限的资源用在刀刃上，提高资源利用效率。

4.统筹任务

基层党组织要统筹上级部门下达的各项任务，避免多头下达、重复下达，减轻基层干部的工作负担。

5.建立机制

基层党组织要建立健全资源整合、协调、配置、统筹的机制，确保各项工作有序开展。

（三）凝聚治理合力

基层治理是多元主体共同参与的社会活动，需要凝聚各方力量，形成治理合力。基层党组织是党在基层社会中的战斗堡垒，是团结群众、组织群众、发动群众的核心力量，能够有效凝聚治理合力，形成减负增效的治理格局。

1. 组织群众

基层党组织要发挥密切联系群众的优势，将广大群众组织起来，参与到基层治理中来。

2. 发动群众

基层党组织要通过宣传教育、典型示范等方式，激发群众参与基层治理的积极性、主动性和创造性。

3. 团结群众

基层党组织要发挥政治优势，化解群众之间的矛盾纠纷，增进群众之间的团结，形成和谐稳定的社会环境。

4. 依靠群众

基层党组织要坚持群众路线，相信群众、依靠群众，充分发挥群众在基层治理中的主体作用。

5. 服务群众

基层党组织要坚持以人民为中心的发展思想，把服务群众作为基层治理的出发点和落脚点，切实解决群众的实际困难，提高群众的获得感、幸福感、安全感。

6. 搭建平台

基层党组织可以通过建立议事协商平台、志愿服务平台等，促进多元主体参与基层治理。

二、党建引领的典型实践

近年来，各地在党建引领基层治理、推动基层减负方面进行了积极探索，涌现出许多典型经验和做法。

（一）村级党组织的减负实践

在一些地区，村级党组织通过建立"村务联席会议"制度，将各类基层事务整合为一张清单，由党组织统一协调和分配工作任务，避免职能部门多头管理，显著减少了村干部的工作压力。

1."村务联席会议"制度

浙江省某村：建立"村务联席会议"制度，由村党支部书记担任召集人，成员包括村两委成员、村民代表、驻村干部、相关职能部门负责人等。联席会议定期召开，研究解决村级事务，协调各方力量，形成工作合力。通过"村务联席会议"制度，该村将各类基层事务整合为一张清单，由村党支部统一协调和分配工作任务，避免了职能部门多头管理，显著减轻了村干部的工作压力。

2."一窗受理、集成服务"模式

江苏省某村：推行"一窗受理、集成服务"模式，将涉及村级事务的审批、服务事项，集中到村便民服务中心办理，减少了群众办事跑腿次数，也减轻了村干部的工作负担。

3."党员责任区"制度

山东省某村：建立"党员责任区"制度，将全村划分为若干个责任区，每个责任区由一名党员负责，党员负责联系群众、收集民意、解决问题，分担了村干部的工作，也密切了党群关系。

（二）党建引领多元主体参与

1.退休老干部党员

退休老干部党员往往政治立场坚定，又拥有相对充裕的时间，对社区事务热情度高，对于基层工作而言是一笔宝贵的资源。因此，既要在组织建设上为他们提供良好的平台，也应在具体工作安排中注重发挥他们的专长和经验，用心用情加以激励和统筹，让他们更好地助力社区发展。

（1）要做好组织架构工作，理顺体制机制

为充分发挥退休老干部党员的经验与优势，需要按照"有利于教育管理、有利于参加活动、有利于发挥作用"的原则，对组织架构进行优化调整。首先，以社区老干部党组织为核心，消除旧有体制障碍，确保老干部党员有固定场所开展党内学习和活动。市级层面应成立老干部党工委，强化对各级组织的协调管理。其次，在理顺组织关系时，大多数老干部党员应与其人事和工资关系保持一致，若已转移至居住地且不愿返回原单位，则由社区（村）党组织统一管理。对于能够满足党员数量要求的单位，应独立设立老干部党支部；若党员人数虽达到标准但无法转回原组织关系，则建立临时党支部；人数不足三人的则组建联合党支部。此外，还需在社区（村）建立相应老干部党支部，为转入当地的老干部党员提供教育管理平台。最后，通过专项资金投入、场所改造等措施，切实增强老干部党员活动室的功能保障，夯实老干部党员开展组织生活的阵地。

（2）加以妥善管理，汇聚起"共建共治共享"强大合力

为更好地服务退休老干部党员，建立单位党组织与居住地党组织双重教育管理方式，确保党员既能接受原单位的教育指导，也能够在居住地党组织中积极参与社区事务。通过双向信息互通，全面掌握党员的动态，使老干部党员信息不被遗漏。市级层面组建老干部党工委，统筹协调、考核督导，各党委（党组）落实好责任分工，督促具体措施落地执行。在此基础上，健全完善各项保障机制，切实关注老干部党员的生活和福利，并结合主题教育活动，引导他们进一步发挥积极作用，同时强化单位与社区（村）党组织之间的交流反馈，将联动协作作为重要内容纳入考核评价。

2.新乡贤

新乡贤是当代社会中对故乡充满热情、道德高尚、才能出众并在事业

上取得成就的乡村精英。这个群体主要由有声望的退休公务员、成功的商界人士、高学历的知识分子以及经验丰富的返乡务工者组成。新乡贤在乡村社会中发挥着积极的作用，成为推动城乡社会治理的重要内生力量。以浙江省临海市的实践为例，可以进一步展示新乡贤在推动乡村发展的重要角色。

（1）协商民主治理员

临海市在已有的镇—村级协商民主议事会制度基础上，进一步培育乡贤组织，将其纳入乡村治理体系。由于当初设立议事会时就注重成员的精英性和代表性，这与乡贤的特质高度契合。因此，乡贤们能够顺理成章地通过成为议事会成员，参与到基层社会治理中来。

（2）民主选举辅治员

由于乡贤在经济实力和社会影响力方面都相对突出，他们往往能够更有效地参与到村庄管理当中，尤其在换届选举的过程中展现关键作用。在参选时，乡贤不仅具有良好的社会声誉和较高的公众认可度，而且因为行事作风廉洁，竞选成功的概率随之增大。此外，作为选举过程中的"辅治员"，乡贤能够在推选候选人、组织投票以及计票等重要环节提供指导，同时积极协调各派利益，帮助化解选举中可能出现的冲突，最终为村级选举的顺利开展发挥稳固保障的作用。

（3）社会矛盾调解员

在乡村治理中，纠纷调解一直是一个棘手的难题。社会变迁和历史积累造成的矛盾错综复杂，个人间的恩怨更是难以平息。而乡贤群体凭借独特的社会地位和资源网络，成为化解乡村矛盾的重要力量。他们熟悉村庄肌理，了解每一段恩怨纠葛的来龙去脉，又能保持中立和理性，在情感与理性之间找到平衡点。通过耐心调解、尊重各方、寻求共识，乡贤们在维护农村社会和谐中发挥着不可替代的作用，成为乡村治理的重要支撑。

（4）乡风文明宣传员

随着社会转型，农村正经历着前所未有的文化变革。在物质追求日益膨胀的背景下，乡贤群体显得尤为珍贵。他们不仅是传统美德的守护者，更是社会价值的活标本。作为具有较高文化修养和道德品质的个体，乡贤通过自身言行，潜移默化地传播社会主义核心价值观，为乡风文明注入精神内涵。这种角色不仅仅是被动的文化传承，更是主动的社会引领。"乡贤"这一称号本身就是一面镜子，时刻提醒着获得这一荣誉的个人，要用高尚的品格和责任担当，引导农村社会走向更加文明、进步的方向。

3.各类志愿者人群

在社会治理的复杂系统中，志愿者已经成为不可或缺的重要力量。这支队伍呈现出多元化和年轻化的鲜明特征：从经验丰富的退休专业人士，到充满活力的大学生志愿者，再到稚气未脱的中小学生，每一个群体都为社区服务注入独特的能量。基层政府的职责不仅仅是管理，更应该成为这些志愿力量的连接器和放大器。通过构建科学的激励体系，建立包括积分、荣誉和物质奖励在内的多元化激励机制，可以有效调动志愿者的主观能动性。这种自下而上的社会参与模式，不仅能填补制度的空白，更能培育公民社会的参与意识，推动基层治理的民主化和人性化进程。

党建引领基层治理，构建基层减负的组织保障，是推进国家治理体系和治理能力现代化的必然要求，是实现基层减负增效的根本保证。各级党组织要深刻认识党建引领基层治理的重要意义，切实加强组织领导，完善工作机制，创新工作方法，推动党建工作与基层治理工作深度融合，为基层减负提供强有力的组织保障，让基层干部有更多的时间和精力服务群众，为实现中华民族伟大复兴的中国梦贡献力量。

第二节　发挥群众作用，筑牢法治化基层治理的社会基础

一、人民是法治的根本依靠

（一）人民权益通过法治保障

法治的核心在于保障人民权益。人民群众的利益诉求和社会需求，是法治建设的出发点和落脚点。法律作为规范社会行为和保障公平正义的工具，必须以保护人民权益为根本目标。基层治理法治化的推进，需要紧密围绕人民群众的实际需求，在解决群众的现实问题中体现法治的公平与正义。

法治赋能基层减负是落实这一原则的重要体现。基层治理中，干部面临的工作种类繁多，包括矛盾调解、事务管理、公共服务等，压力巨大。通过法律的规范作用，可以理顺基层治理的权责关系，明确基层干部的行为边界，有效减少不必要的事务性负担。与此同时，法律的实施要以人民群众的需求为导向，回应人民群众的关切问题。例如，通过法律手段解决土地纠纷、环境保护、劳动争议等问题，使群众切实感受到公平正义就在身边。

（二）人民是法治建设的主体

人民群众不仅是法治建设的受益者，更是法治的建设者和维护者。群众的广泛参与是推动基层治理法治化的关键。通过让群众直接参与到法治建设中，可以更好地发现基层治理中存在的问题，并通过法治手段加以解决。

一方面，群众的参与能够有效减轻基层干部的压力。在现实中，基层治理中的许多矛盾，如邻里纠纷、家庭矛盾等，具有一定的社会复杂性和情感因素。如果仅依赖基层干部来解决这些问题，往往会消耗大量时间和精力。而通过调动群众的参与热情，利用群众的熟人社会网络和地方性知识，可以更高效地化解这些矛盾。

另一方面，群众的参与可以提升法治建设的精准性和针对性。在基层治理中，群众最了解当地的实际情况，通过倾听群众的意见和建议，可以使法治建设更符合基层的实际需求。例如，针对乡村地区可能存在的土地流转纠纷问题，可以通过群众讨论制定符合当地实际的规章制度，确保法律的实施更具可操作性。

二、群众参与基层治理的现实意义

（一）减轻治理负担

基层干部往往面临工作任务繁重、事务多样化的问题。通过发挥群众在基层治理中的作用，可以有效分担基层干部的工作压力。例如，在矛盾调解中，依靠群众熟悉地方情况、了解矛盾背景的优势，可以更快速地找到解决问题的路径，减少基层干部的工作负担。此外，由于群众的参与具有一定的情感基础，可以更容易获得当事人的信任，从而提高矛盾调解的成功率。

（二）提升治理效能

群众的参与可以使基层治理更加精准和高效。由于群众对当地情况的熟悉程度更高，能够迅速发现问题并提出解决方案。例如，在乡村治理中，村民可以通过集体讨论的方式，对村规民约进行修订，使其更加符合实际需求。同时，群众的参与还能够避免基层治理中的形式主义和无效工作，从而使治理资源得到更合理的配置，提升治理效能。

（三）增强群众满意度

通过群众的广泛参与，可以增强人民群众对基层治理的信任和满意度。在参与过程中，群众能够感受到自身的主体地位，增强对基层治理的认同感和归属感。例如，在社区治理中，通过设立居民议事会，让居民直接参与到社区事务的决策和管理中，可以让他们切身感受到自身的意见得到了尊重，从而增加对基层治理的支持。

三、推动群众参与的具体措施

（一）建立群众参与机制

要让群众广泛参与到基层治理中，必须建立健全相应的参与机制。例如，通过设立"村民议事会""社区法治论坛"等平台，让群众有机会直接表达意见和建议。这些平台可以围绕土地使用、环境保护、社区安全等具体议题开展讨论，使群众的意见能够及时传递到基层治理的决策层。同时，可以通过民主协商的方式，让群众参与到地方性法规和村规民约的制定过程中，使法律和制度更贴近基层实际。

（二）加强法治宣传教育

提升群众的法律意识和法治素养是推动群众参与基层治理的重要前提。可以通过普法宣传、法律讲座、法律服务进社区等形式，使群众了解基本的法律知识和权利义务。在此基础上，引导群众在遇到问题时优先选择通过法治手段解决，而不是直接依赖基层干部或采取非法手段。例如，通过法律援助项目，为群众提供免费的法律咨询和诉讼服务，帮助他们更好地维护自身合法权益。

（三）推动志愿服务参与治理

鼓励群众以志愿者的形式参与到基层治理中，是实现协同治理的重要途径。例如，在社区治安管理中，可以组织居民成立治安巡逻队，共同维护社区安全；在矛盾纠纷调解中，可以培养一批具有法律知识的志愿者担任调解员，协助基层干部处理复杂案件。这种基层治理的"共建共治共享"模式，不仅能够减轻基层干部的工作负担，还能够增强群众的参与感和归属感。

四、新时代"枫桥经验"

新时代"枫桥经验"是习近平新时代中国特色社会主义思想在平安中国领域的生动实践，是马克思主义中国化时代化的最新成果同中国基层社会治理实践相结合、同中华优秀传统文化相结合的典型经验，更是基层干部群众首创精神在基层社会治理领域的生动体现。中国共产党的二十大报告指出："健全共建共治共享的社会治理制度，提升社会治理效能。在社会基层坚持和发展新时代'枫桥经验'，完善正确处理新形势下人民内部矛盾机制。"

（一）人民至上、立足基层是新时代"枫桥经验"的鲜明立场

人民是历史的创造者，是真正的英雄。中国共产党奉行以人民为中心的执政理念，将人民对美好生活的向往作为奋斗目标。实践表明，"枫桥经验"是在社会基层贯彻党的群众路线、创新群众工作方法、善于运用法治思维和法治方式解决群众切身利益问题的典范。无论是"枫桥经验"，

还是新时代"枫桥经验"，其核心价值是以人民为中心，推动基层干部与人民群众建立良好关系，尊重人民群众的首创精神，鼓励人民群众在社会治理实践中发挥聪明才智；也强调党政机关在政策制定与实施、纠纷预防与化解等方面，坚持以人民群众满意与否作为检视治理成效的标尺，将政治效果、法律效果、社会效果的有机统一和个人利益、集体利益的协调并重作为成功化解矛盾纠纷的重要考量。因此，新时代"枫桥经验"是紧贴实际、扎根基层的经验，它的制度关怀触及群众生活的细枝末梢，它的治理成效为人民群众带来获得感、幸福感、安全感。实际上，正是党的群众路线充分支持群众、信任群众，才形成了党群联动、多方参与的共建共治共享格局。

在浙江省诸暨市暨阳街道江新社区，有这么一个"江大姐"调解室，调解员们都是乐于奉献、可爱可敬的女性，从最初的 6 人，增加到现在的60 多人。她们中有社区工作者、退休干部、热心居民，也有律师、教师和各类社会组织的志愿者。"江大姐"调解室成员发挥着"化解矛盾的第一公里"的重要作用，逐渐发展为良好的自治模式。"江大姐"们积极参与社区纠纷治理，从老房漏水纠纷，到开放社区的停车不便，再到居民小孩的公益课堂……无数扰民之事都在她们手中迎刃而解。自 2011 年 4 月28 日成立以来，"江大姐"调解室志愿协助社区调委会调解了大量民事纠纷，调解成功率达到 98%。有矛盾找"江大姐"，成为居民遇到问题和纠纷的第一反应。

（二）与时俱进、推陈出新是新时代"枫桥经验"保持生命力的关键所在

"枫桥经验"形成于社会主义建设时期，发展于改革开放时期，在中国特色社会主义新时代得到创新发展，可以说见证了我国社会主义建设的光辉历程。"枫桥经验"之所以能够在不同历史时期作出持续性的贡献，

除了贯彻党的群众路线，还在于基层干部对大政方针的深刻领会和对成功做法的总结坚持。可以说，新时代"枫桥经验"实现了自律和他律、刚性和柔性、治身和治心、人力和科技相统一。既延续了以人为本、贵和尚中、追求和谐的传统智慧，也满足了人民群众对维护合法利益及稳定生活秩序的需要，还探索出自治、法治、德治相结合的社会治理新路径。新时代"枫桥经验"坚持中国共产党的领导，以群众需求为导向，以"立足预防、立足调解、立足法治、立足基层，切实做到预防在前、调解优先、运用法治、就地解决"为指导，融合了马克思主义先进理论、中华民族治理智慧、中国基层社会治理实践经验，是坚持把马克思主义基本原理同中国具体实际相结合、同中华优秀传统文化相结合的生动写照，也是平安中国建设、法治中国建设和社会治理现代化的杰出成果。它与时俱进、推陈出新，构建社会矛盾纠纷预防调处化解格局，成为中国共产党领导人民群众创造的一整套行之有效的社会治理方案，也成为中国基层社会治理制度的经典样本。

"想不到反映的问题这么快就解决了。经过调解员的劝说，我和邻居重归于好，现在邻里更和谐了。"2024 年 4 月 30 日，陕西省西安市蓝田县三里镇青羊庄村村民王某表示。此前，由于邻居翻建老房屋，王某家房屋地基下沉、墙体裂缝，双方多次协商无果。三里镇司法所获悉后，派出了人民调解员联系村干部，第一时间到王某家查看房屋受损情况。随后，人民调解员通过"以案释法"，为双方当事人宣讲《中华人民共和国民法典》中有关侵权责任和相邻关系的法律知识，援引《吕氏乡约》中的"德业相劝"精神，晓之以理、动之以情，成功化解了这起邻里纠纷。这是蓝田县探索"枫桥 + 乡约"基层治理模式的生动实践。北宋时期，吕大忠、吕大防、吕大钧、吕大临四兄弟在蓝田制定了中国历史上第一部成文乡约——《吕氏乡约》。《吕氏乡约》中"德业相劝、过失相规、礼俗相交、患难相恤"的文化精髓，与千年后的"枫桥经验"相得益彰。作为一种得到实践检验和群众认可的社会治理模式，"枫桥＋乡约"实现了中华优秀传统文化和"枫桥经验"两者的结合，保留了《吕氏乡约》中注重德育引导、规范自治行为、注重社会关怀、尊重民众利益、维护社会和谐、推动生产发展等积极因素，让中华优秀传统文化在创新发展新时代"枫桥经验"的实践探索中焕发新的生机。

（三）实事求是、创新发展是新时代"枫桥经验"释放治理效能的必由之路

自中国共产党第十八次全国代表大会以来，中国社会治理制度的优越性充分彰显，社会建设全面加强，人民生活全方位改善。在社会基层坚持和发展新时代"枫桥经验"，是在法治轨道上进一步推动社会治理现代化，不断完善社会治理体系，建设人人有责、人人尽责、人人享有的社会治理共同体，提升社会治理效能，确保人民安居乐业、社会安定有序、国家长治久安的关键路径。首先，要实事求是、因地制宜激发基层社会治理活力，畅通和规范群众诉求表达、利益协调、权益保障通道，完善网格化管理、精细化服务、信息化支撑的基层治理平台，健全城乡社区治理体系，及时把矛盾纠纷化解在基层、化解在萌芽状态。其次，要加强供给能力建设，及时梳理成效显著的社会治理经验和典型做法，提炼总结社会治理规律，鼓励各地在此基础上探索制定基层治理领域地方立法，重视村规民约、社区公约、行业章程等修订与实施，形成基层民主法治建设的法治秩序。最后，发挥"法安天下，德润人心"的综合治理机制，传承中华优秀传统文化，弘扬社会主义核心价值观，丰富具有鲜明时代特色和深厚历史底蕴的社会治理文化，让明是非、辨善恶、守诚信、知荣辱的文化观念深入人心，让人民群众在遵守规范的同时，涵养法治意识，加深文化认同，提升道德风尚，促进社会矛盾纠纷的多元化解和标本兼治。

"多亏你们的耐心调解，让我不走诉讼途径就收回了借款。"当事人

感激地说。2024 年 6 月，盐池县高沙窝镇人民调解委员会、高沙窝司法所调解了一起长达 9 年的民间借贷纠纷案件，双方当事人点赞此次调解。2015 年 4 月 1 日，郑某做生意因资金周转困难，向李某借款 30 万元并出具了借条。后李某找郑某多次催要借款，郑某无力偿还，于 2022 年与李某达成分期还款协议。谁知，郑某不仅不按期偿还借款，还拒绝与李某沟通。无奈之下，李某诉至高沙窝法庭。受法庭委托，高沙窝镇人民调解委员会对该起纠纷进行了调解。人民调解员找对"症结"，开出"药方"，经过调解，双方冰释前嫌。近年来，宁夏回族自治区吴忠市盐池县把深入推动"塞上枫桥"基层法治工作机制规范化建设作为建设平安盐池的重要抓手，探索以问题联排、矛盾联调、风险联防、民生联抓、内力联动的"五联"模式，实现了发现问题多元化、多方协调系统化、责任落实精准化、服务群众精细化、治理效能一体化的"五化"成效，突出以人为本、服务群众，善于在加强与群众的沟通联系中增进与群众的感情，在真心为群众办实事解难事中赢得群众的信任，在维护群众权益中获得群众的支持，走出了一条经济繁荣、社会稳定、人民安居乐业的治理新路，为完善具有民族地区社会治理特点的"塞上枫桥"模式做出了贡献。

2023 年，中央政法委在全国范围内评选出 104 个"枫桥式工作法"单位，同年 11 月 6 日，习近平总书记会见全国"枫桥式工作法"入选单位代表，向他们表示诚挚问候和热烈祝贺，勉励他们再接再厉，坚持和发展好新时代"枫桥经验"，为推进更高水平的平安中国建设作出新的更大贡献。

"枫桥式工作法"进一步提升了新时代"枫桥经验"的推广价值。"枫桥式工作法"源于基层，深耕基层，与党密切联系群众的重要工作方法"一线工作法""四下基层"等具有高度的契合性。现阶段，全国各地坚持发展新时代"枫桥经验"，探索创新"枫桥式工作法"，取得了令人瞩目的成绩。在全国"枫桥式工作法"先进典型的激励下，各省市及行业部门纷纷推出体现自身特色的治理品牌或治理方法，使"枫桥式工作法"呈现出百花齐放、百舸争流、各展其长的生动局面。从新时代"枫桥经验"到"枫桥式工作法"的应用，不断呈现了基层治理"中国之治"的实践特色。

第三节　党建引领与群众作用协同构建基层减负长效机制

基层治理是国家治理体系的重要组成部分，其高效运转不仅需要党的领导，还需要群众的广泛参与。在实现基层治理法治化的过程中，如何将党建引领与群众作用深度协同，是构建基层减负长效机制的关键问题。通过法治建设强化党建引领和群众参与的协同作用，可以形成既有组织保障又有社会基础的基层治理模式，有效推动基层治理的减负增效，实现"共建共治共享"的目标。

一、党建引领群众参与的法治化路径

党建引领与群众参与的深度融合，是基层治理长期实践中形成的重要经验。在法治化背景下，这一融合需要通过法律法规和制度设计加以规范和保障。具体而言，党建引领群众参与的法治化路径主要包括以下几个方面：

（一）明确群众参与的法治框架

群众参与基层治理的有效性，离不开清晰的法治框架。通过完善相关法律法规，可以明确群众参与的具体方式、范围以及权利义务，为群众提供法治依据和制度保障。

1.明确参与方式

通过法律条文或地方性法规，规定群众参与基层治理的具体形式。例如，村民议事会、社区协商会等组织的建立和运行，可以通过法律予以规范，确保群众在矛盾调解、公共事务管理、政策监督等方面拥有合法的参与渠道。

2.界定参与范围

法律法规需要明确规定群众在基层治理中哪些事务可以参与、如何参与，防止群众参与过度干预行政事务或引发新的矛盾。例如，在村规民约或社区自治章程中，可以明确群众参与的范围，如环境保护、社区安全、公共设施管理等具体领域。

3.保障群众权利义务

通过法治手段保护群众在基层治理中的权利，同时明确其义务，避免因权责不清导致治理混乱。例如，在土地流转、村集体经济管理中，通过法律明确村民的决策权和监督权，同时要求其履行遵守规则、维护秩序的义务。

（二）规范党组织的引领方式

基层党组织是推动基层治理的核心力量，但其引领作用需要通过法治手段加以规范，确保党建工作能够与群众需求有效对接，避免"一言堂"或形式化治理。

1.依法履行引领职责

通过完善相关法律法规，明确基层党组织在基层治理中的职责范围和权责边界。例如，党组织应主要负责政治方向的把控、重大决策的指导以及群众力量的组织动员，而不应直接干预行政事务或群众自治。

2.规范决策程序

基层党组织在治理中的引领作用，需要通过民主协商和法治程序加以体现。例如，在制定村规民约或社区治理方案时，应通过召开村民大会或社区居民代表会议，充分听取群众意见，避免党组织直接拍板决策。

3.防止形式化治理

在推进党建工作的过程中，应避免"表面化""形式化"的问题。例如，防止党建活动流于形式、宣传工作脱离实际、党群关系疏离等现象，通过法治手段确保党建活动与基层实际紧密结合。

（三）推动群众参与的制度化

群众参与基层治理的可持续性，需要借助长效机制的建设来保障。通过法治化手段，将群众参与的良好实践固定下来，可以为基层治理提供稳定的社会基础。

1.建立群众自治章程

通过制定群众自治章程，将群众参与基层治理的具体规则和流程制度化。例如，在村规民约中明确村民大会的议事程序、决策范围和监督机制，确保群众自治活动有章可循。

2.推广村规民约和社区公约

村规民约和社区公约是群众参与基层治理的重要载体。通过法治化手段，将这些规则纳入地方性法规或基层治理规范，使其具有法律效力，增强执行力。

3.建立长效协商机制

通过建立群众与基层党组织、政府部门之间的协商机制，确保群众意见能够长期有效地融入基层治理。例如，通过设立常态化的民主恳谈会、社区协商会等平台，保障群众的参与权和表达权。

二、党建引领与群众参与协同的减负效应

党建引领与群众参与的深度协同，不仅能够提升基层治理的效果，还能够有效减轻基层干部的工作负担。在实践中，这种协同作用主要体现在

以下几个方面：

（一）分担基层事务压力

基层干部常常面临繁重的工作任务，尤其是在矛盾调解、公共服务、政策执行等方面压力较大。通过鼓励群众参与，可以将部分事务性工作交由群众组织或志愿者承担，从而减轻基层干部的直接负担。

1. 矛盾调解

在邻里纠纷、家庭矛盾等非重大矛盾中，可以依托群众力量开展调解工作。例如，依托村民议事会或社区志愿调解员，协调解决日常纠纷，减轻基层干部的调解压力。

2. 公共服务

在社区安全、环境卫生等公共事务中，可以发挥群众的主动性和自治力。例如，通过组织居民志愿者参与社区治安巡逻、垃圾分类宣传等活动，减轻基层干部在这些事务中的工作量。

（二）减少治理内耗

党建引领能够统筹多方力量，整合资源，避免因部门间任务冲突或重复导致的无效工作，从而减少基层治理的内耗。

1. 统筹资源配置

通过党组织的引领作用，可以协调政府、社会组织和群众力量，避免资源浪费。例如，在推进共同富裕工作中，党组织可以通过调动群众力量，精准对接帮扶需求，提升帮扶资源的使用效率。

2. 优化工作流程

通过党建引领，可以理顺基层治理的权责关系，明确工作分工，减少任务交叉和重复。例如，在突发事件处理过程中，党组织可以通过统筹协调，避免多部门重复干预或推诿扯皮，提升治理效率。

（三）增强治理韧性

群众广泛参与能够为基层治理注入更多力量，增强治理系统的韧性和应对复杂问题的能力。

1. 形成多元治理结构

通过党建引领和群众参与的协同，可以建立"政府—社会—群众"三元互动的基层治理格局。例如，在应对自然灾害、疫情防控等重大公共事件时，依托群众的自我组织能力，可以迅速动员社会力量，增强基层治理的应急能力。

2. 提升社会凝聚力

通过群众参与，可以增强社会成员之间的信任和合作，形成更加紧密的社会网络。例如，在乡村振兴过程中，通过党建引领组织村民共同参与基础设施建设，可以增强村民的认同感和凝聚力。

三、协同减负的实践案例

（一）党群联动的"连心桥"工程

"连心桥"工程是加强党群联动的举措，旨在密切党群关系。比如内蒙古自治区通辽市奈曼旗通过"党群连心桥"便民服务端搜集群众反映的"微实事"，进入四级智慧网格体系，相关部门实地查看后制定解决方案，如打通昂乃村"断头路"；通城县医保局作为包保单位，针对马港镇马洞村破损严重的石门桥，积极申报重建项目、筹措资金，将"隐患桥"变成百姓的"连心桥"，解决群众生产生活难题。此外，安徽宿州市埇桥区强化统筹协调，健全多层次解纷体系，也属于党群联动"连心桥"工程的一种形式，为群众提供矛盾纠纷化解服务。

（二）"人民调解＋党建"模式：

"人民调解＋党建"是将党建工作与人民调解工作有机结合的一种工作模式。旨在通过发挥党建引领作用，推动人民调解工作更好开展，维护社会和谐稳定。

党建引领在其中体现在多个方面：

1. 树典型

在调解队伍中选树政治素养高、调解本领强的典型，发挥榜样示范带动作用，扩大人民调解社会影响力，为工作注入动力。

2. 抓队伍

建强队伍，吸收退休政法干警、律师等各类专业及德高望重人士加入；加强培训，通过多种形式提升调解员能力，并建设精品调解案例库；聚焦基层，规范镇村人民调解室，设立"党员先锋岗"。

3. 抓品牌

探索调解工作新模式，打造各具特色的品牌调解室，助力乡村振兴等工作。如宜川县创建多个品牌调解室。

通过"人民调解＋党建"模式，各地在矛盾纠纷排查化解方面取得较好成效，如宜川县司法局开展多次矛盾纠纷排查，化解多起纠纷，调解成功率和履行率较高。

第四节 党建引领与群众作用协同的减负保障措施

一、强化制度保障

制度是推进党建引领与群众参与协同的重要基础。通过完善法律法规、明确职责分工和健全参与机制，可以从制度层面为基层治理减负提供稳定的法治依据和操作规范。

（一）完善法律法规支持

法律法规的健全是保障党建引领和群众参与协同的根本前提。通过立法明确基层党组织和群众在基层治理中的职责分工，可以有效避免职责不清、任务交叉的现象，为基层治理法治化、规范化提供依据。

1.推进法律法规细化与落实

完善《村民委员会组织法》《城市居民委员会组织法》《社区治理条例》等法律法规，细化党组织领导与群众参与的具体职责。例如，明确党组织在重大事务决策、矛盾调解统筹中的引领作用，同时规定群众参与公共事务管理的具体形式和程序。

2.明确党群协作的法治基础

通过立法或地方性法规，规范党组织引领群众参与的方式，确保党群协作符合公平、公正的法治原则。例如，规定群众议事会的议题范围、决策程序以及党组织的指导职责，避免"一言堂"或形式主义决策。

（二）健全群众参与的法治机制

将群众参与的形式和范围通过法治化固定下来，是保障群众有效参与基层治理的重要举措。

1.设立法定参与组织

通过立法设立村民议事会、社区参与治理委员会等法定组织，为群众参与提供合法的组织形式。例如，规定村民议事会负责村规民约制定、公共事务监督等具体事务，确保群众参与具有法律效力。

2.规范参与程序

通过法律明确群众参与的程序和规则，例如规定村民会议的召开频次、表决方式和决议效力，确保参与过程公开透明、合法合规。

二、加强资源保障

资源保障是党建引领与群众参与协同的重要物质基础。通过充足的财政投入、优化人力配置和推动数字化技术赋能，可以为基层治理减负提供强有力的支持。

（一）强化财政支持

基层治理的有效推进离不开资金保障。通过加大财政支持力度，可以为党建引领和群众参与提供必要的基础设施和资源支持。

1. 专项资金支持

设立专项资金，用于支持基层党建工作和群众参与治理。例如，为村（社区）法律服务站、调解室、议事厅等提供建设和运行经费，保障这些机构的正常运转。

2. 均衡财政投入

针对经济欠发达地区，加大财政转移支付力度，确保基层党组织和群众组织在资源匮乏的情况下也能够正常开展工作。例如，为偏远农村地区的群众自治组织提供办公经费和活动资金。

（二）优化人力资源配置

在基层治理中，专业人力资源的不足往往是制约治理效能的重要因素。通过优化人力资源配置，可以有效缓解基层干部的工作压力。

1. 引入专业力量

在党建引领下，聘请法律顾问、调解专家等专业人士，协助处理复杂的法律事务和矛盾调解。例如，在土地纠纷、劳动争议等专业性较强的问题中，由法律顾问提供专业指导，减轻基层干部的工作负担。

2. 壮大志愿者队伍

通过党建引领，动员群众积极参与志愿服务。例如，组建社区治安巡逻队、环保志愿者队伍等，承担部分基层治理工作，分担基层干部的事务性压力。

（三）推动数字化技术赋能

数字化技术是提升基层治理效率的重要工具。通过推动信息化建设，可以显著提高党建引领和群众参与的协同效率。

1. 建设数字治理平台

建立"智慧党建"平台，发布群众参与治理任务清单、实时跟踪工作进展。例如，利用数字平台发布环保治理任务，群众可以通过线上提交反馈，党组织实时掌握群众参与情况。

2. 推动数据共享

通过信息化手段实现党组织、政府部门和群众组织之间的数据共享。例如，通过数字平台共享基层治理信息，避免因信息不对称导致的重复工作和治理失误。

三、构建长效机制

构建长效机制是确保党建引领与群众作用协同能够持续发挥作用的关键。通过优化考核体系、建立激励机制和完善反馈机制，可以推动协同治理的可持续发展。

（一）落实基层治理考核改革

优化考核体系，减少形式主义指标的压力，是减轻基层干部负担的重要措施。

1. 突出实际成效

在党建引领下，改革基层治理考核体系，淡化对形式化指标的关注，更多考核群众满意度和实际治理成效。例如，将群众对矛盾调解、公共服务的满意度作为考核的重要依据。

2. 减少迎检负担

通过精简检查项目，减少基层干部为迎接检查而疲于应付的情况。例如，减少不必要的台账整理和材料报送，将更多时间用于实际治理工作。

（二）建立群众参与激励机制

通过制度化的激励措施，可以增强群众参与的积极性，让他们成为基层治理的"合伙人"。

1. 设立奖励机制

设立"基层治理贡献奖""优秀志愿者"等奖项，对积极参与基层治理的群众给予表彰和奖励。例如，为参与治安巡逻、环境整治的志愿者提供荣誉证书，增强他们的参与感和归属感。

2. 提供物质激励

在一定条件下，可以为群众提供适当的物质奖励。例如，为参与志愿服务的群众提供交通补助、生活补贴等，降低他们的参与成本。

（三）构建党群协同的反馈机制

党群协同的反馈机制是提升治理精准化的重要手段。通过规范化的沟通渠道，可以及时了解群众需求，避免政策偏差。

1. 定期召开党群代表大会

为群众提供表达意见的正式渠道。例如，每季度召开一次党群代表大会，听取群众对基层治理的意见和建议。

2. 建立问题快速响应机制

通过设立群众意见征求会或在线反馈平台，确保群众的诉求能够迅速传递到治理层。例如，当群众提出环境污染问题时，党组织可以快速协调相关部门进行处理。

党建引领与群众作用的协同，是实现基层治理减负的重要途径。通过强化制度保障，可以为协同治理提供法治依据；通过加强资源保障，可以为协同治理提供物质和技术支持；通过构建长效机制，可以确保协同治理的可持续发展。唯有从制度、资源和机制三方面着手，构建完善的保障体系，才能真正实现基层减负，推动基层治理走向规范化、高效化，实现国家治理体系和治理能力现代化目标。

第五节　党建引领和群众参与结合的未来展望

党建引领和群众参与是法治赋能基层减负的重要路径，也是实现基层治理现代化的关键抓手。通过党建的组织保障和群众的社会基础，辅以法治化的规范和引导，能够有效破解基层负担重、事务繁、效率低的问题，推动基层治理更加高效、更加公平。未来，只有进一步加强党建引领，充分发挥群众作用，持续完善法治赋能的机制设计，才能筑牢基层治理的根基，实现党和人民的长久连心，为全面推进法治中国建设作出更大贡献。

一、推动党建引领法治化进程

基层党建是基层治理的核心，而法治是现代治理的基本方式。未来，应进一步推动基层党建的法治化进程，将法治思维和法治方式贯穿于党建工作的全过程，确保基层党组织在治理中发挥更强的组织力、引领力和号召力。

（一）构建法治化的党建工作体系

要将法治建设融入党建工作的各个环节，构建一套法治化的基层党建工作体系。

1.依法履行党建职责

明确基层党组织在基层治理中的法律地位和职责范围，通过法律和制度约束，规范党组织的决策程序、领导方式和工作机制。例如，在地方性法规中明确规定党组织在重大村务决策、矛盾调解等事务中的引领作用。

2.完善党内法规体系

推动党内法规与国家法律的有机衔接，使党的领导更加制度化、法治化。例如，将基层党组织在治理中的引领职责通过党内规章制度予以细化，同时与《村民委员会组织法》《社区治理条例》等法律法规相协调。

（二）提升基层干部的法治能力

基层党组织的法治化进程，离不开基层干部法治能力的提升。

1.强化法治教育培训

定期组织基层党员干部参加法治培训，提升其运用法治思维和法治方式解决问题的能力。例如，开设"法治党建"专题课程，帮助干部掌握调解纠纷、依法行政的基本技能。

2.推动依法履职

通过制定规范性文件，要求基层干部在工作中严格遵守法律法规，杜绝"人治"现象。同时，通过考核机制，将依法履职作为党员干部评估的重要内容。

（三）依法规范党建引领的方式

未来的党建引领需要更注重依法规范，杜绝"一言堂"或形式化治理现象。

1.健全民主决策机制

在党建引领下，推动基层重大事务的民主决策。例如，在制定村规民约、分配集体经济收益等事务中，党组织需要依法引导村民通过民主程序决策，而非直接干预。

2.加强监督机制

通过法律和制度设计，强化对基层党组织的监督，确保其在治理中依法履职。例如，建立村民监督委员会，依法监督党组织的治理行为，防止权力滥用。

二、提升群众参与的深度与广度

群众是基层治理的主体，提升群众参与的深度与广度，是实现基层治理法治化和现代化的必然要求。未来，需要进一步健全群众参与的制度设计，并通过多样化的形式和手段，激发群众在法治建设中的积极性和创造力。

（一）健全群众参与的制度设计

通过完善制度设计，为群众参与提供更加稳定的法律和组织保障。

1.完善法定参与机制

通过立法或地方性规章，进一步明确群众参与基层治理的形式、范围和程序。例如，规定村民议事会、社区协商会的法定地位，并细化其运行规则。

2.强化群众监督权利

通过法律保障群众的知情权、参与权、表达权和监督权。例如，要求村委会或社区居委会定期公开财务信息、重大决策内容，让群众能够合法监督基层治理。

（二）探索多样化的参与形式

未来的群众参与形式需要更加灵活多样，以适应不同地区、不同群体的实际需求。

1. 推动线上线下结合

利用数字化技术，开辟线上参与渠道。例如，通过社区治理 APP 或微信公众号，征集群众意见、发布参与任务，让更多群众能够便捷地参与治理。

2. 鼓励基层创新实践

支持各地根据实际情况，探索新的群众参与形式。例如，一些地方通过设立"乡村治理圆桌会议"或"社区法治夜校"，为群众提供参与治理的新平台。

（三）提升群众的法治意识和治理能力

群众的法治意识和治理能力是其参与基层治理的关键。未来，需要通过教育和实践，进一步提升群众的能力。

1. 加强普法宣传

通过普法宣传活动、法律知识竞赛等方式，让群众了解基本的法律知识和治理规则。例如，在农村地区开展"法律进村"活动，为村民普及土地、婚姻、继承等方面的法律知识。

2. 提供实践机会

通过志愿服务、议事会参与等形式，为群众提供实践治理的机会。例如，鼓励群众担任治安巡逻员、环境保护志愿者等，让他们在实践中提升治理能力。

三、推进治理手段的现代化

现代化的治理手段是提升党建引领与群众参与效率的重要保障。未来，应充分借助数字技术和智能化手段，实现党建与群众参与的数字化协同。

（一）构建智慧党建平台

智慧党建平台是实现党建引领数字化的重要工具。

1. 发布治理任务清单

通过智慧党建平台发布任务清单，让群众了解基层治理的具体需求，并选择参与。例如，通过平台发布治安巡逻、环境整治等任务，吸引群众主动参与。

2. 实时跟踪治理进展

利用数字平台实时跟踪治理任务的进展情况。例如，群众反馈的问题通过平台上传后，党组织可以实时查看并及时处理。

（二）推动数据共享与协同

数字技术可以打破部门之间的信息壁垒，实现数据共享与协同。

1. 整合基层治理数据

通过数字平台整合党建、群众参与、公共服务等各类数据。例如，将村民议事会讨论的决议、群众的诉求反馈等数据纳入统一管理，提升治理精准化。

2. 实现多方协同治理

通过数字平台实现党组织、政府部门和群众组织的协同治理。例如，党组织通过平台发布政策，群众组织通过平台反馈实施效果，政府部门根据数据调整政策执行。

（三）借助智能技术提升治理效率

未来的基层治理还可以借助人工智能、大数据等技术，进一步提升效率。

1. 智能分析群众需求

利用大数据技术分析群众的需求和意见。例如，通过分析群众在线反馈的数据，发现治理中的薄弱环节，及时调整治理策略。

2. 优化资源配置

通过智能调度系统，优化基层治理的人力、物力资源配置。例如，根据系统分析结果，将法律顾问、调解员等资源优先配置到矛盾突出的地区。

这样不仅可以确保资源得到高效利用，还能有针对性地解决治理中的关键问题。智能调度系统还可以根据历史数据和实时情况，预测未来的治理需求，提前做好准备，避免资源短缺或浪费。同时，借助智能技术，还可以实现资源的动态调整，确保治理工作能够持续、稳定地进行。

参考文献

[1]《习近平关于力戒形式主义官僚主义重要论述选编》，北京：中央文献出版社 2020 年版。

[2]《习近平新时代中国特色社会主义思想学习纲要（2023 年版)》，北京：人民出版社、学习出版社 2023 年版。

[3] 葛蕾蕾、单景泽：《开辟基层减负新路径》，《中国人力资源社会保障》2021 年第 11 期。

[4] 半月谈杂志社：《反对形式主义 30 讲》，北京：人民出版社 2020 年版。

[5] 贾可春：《牢记使命力戒形式主义官僚主义》，北京：北京日报出版社 2019 年版。

[6] 顾保国：《形式主义官僚主义面面观》，北京：中共中央党校出版社 2019 年版。

[7] 左晓斯、赵道静等：《新时代中国基层治理体系研究》，北京：社会科学文献出版社 2023 年版。

[8] 黄洪凯：《基层政府负荷运转的外在表现、生成路径与减负路径探析》，《行政科学论坛》2022 年第 1 期。

[9] 曹银山：《基层减负的内生性结构困境与治理路径》，《公共治理研究》2021 年第 5 期。

[10] 陈鹏：《基层治理困境的生成与消解：基于技术治理的视角》，《宁夏党校学报》2021 年第 2 期。

[11] 陈晔：《基层政府主动加码与上下级政府博弈探析》，《领导科学》2019 年第 18 期。

[12] 邓斌、龚照绮：《基层减负的治理困境及梳理》，《重庆社会科学》2021 年第 9 期。

[13] 李波、于水：《考核式治理失灵：基层形式主义的生成逻辑与防治对策研究》，《宁夏社会科学》2022 年第 3 期。

[14] 于健慧：《基层形式主义：生成机制与治理对策》，《中国行政管理》2021 年第 11 期。

[15] 詹国辉、云悸：《多重压力下基层政府形式主义的生成逻辑及其治理之道》，《江南大学学报（人文社会科学版）》2020 年第 1 期。

[16] 郭太永：《关于基层减负难的原因剖析》，《新西部》2021 年第 6 期。

[17] 沈建波：《力戒形式主义官僚主义十二讲》，人民出版社 2019 年版。

[18] 费孝通：《乡土中国》，北京：中国人民大学出版社 2018 年版。

[19] 耿国阶、王亚群：《城乡关系视角下乡村治理演变的逻辑：1949—2019》，《中国农村观察》2019 年第 6 期。

[20] 耿海霞：《基层减负视域下解决形式主义突出问题研究》，《哈尔滨市党委学报》2021 年第 6 期。

[21] 田先红：《问责—避责关系新解：基于"行动—制度—环境"框架》，《华中农业大学学报（社会科学版）》2022 年第 5 期。

[22] 田先红：《县域末端治理的属性、困境及其破解之道——从条块关系的视角切入》，《理论月刊》2022 年第 7 期。

[23] 田先红：《中国基层治理：体制与机制——条块关系的分析视角》，《公共管理与政策评论》2022 年第 1 期。

[24] 田玉麒、张贤明：《从"权力本位"到"责任本位"：政府职责体系建设的理念变革》，《社会科学研究》2020 年第 5 期。

责任编辑：洪　琼

图书在版编目（CIP）数据

法治赋能基层减负长效机制的构建研究 / 周倩 著 . -- 北京 ：人民出版社，2025. 5. -- ISBN 978 - 7 - 01 - 027262 - 7

I . D922. 104

中国国家版本馆 CIP 数据核字第 202510VR91 号

法治赋能基层减负长效机制的构建研究

FAZHI FUNENG JICENG JIANFU CHANGXIAO JIZHI DE GOUJIAN YANJIU

周倩　著

人民出版社 出版发行

（100706　北京市东城区隆福寺街 99 号）

北京华联印刷有限公司印刷　新华书店经销

2025 年 5 月第 1 版　2025 年 5 月北京第 1 次印刷

开本：710 毫米 ×1000 毫米 1/16　印张：13.25

字数：210 千字

ISBN 978 - 7 - 01 - 027262 - 7　定价：69.00 元

邮购地址 100706　北京市东城区隆福寺街 99 号

人民东方图书销售中心　电话（010）65250042　65289539